なぜかうまくいく人の気遣い 100の習慣

藤本梨恵子
FUJIMOTO RIEKO

明日香出版社

「愛とは、大きな愛情をもって小さなことをすることです」

マザー・テレサ

はじめに

〝気が利くのに、気疲れしない人〟になれたら、あなたはもっとラクに生きられるのではないでしょうか？

気遣いは料理に似ています。

いつも、焼肉がごちそうになるわけでも、お寿司がおもてなし料理の最高峰になるわけでもありません。相手の体調や好み、季節に合わせた食材と調理法で料理することが必要です。

例えば、風邪を引き寝込んでいるときは、おかゆが食べたくなります。夏に暑い日が続けば、キュウリやトマトを使ったさっぱりしたサラダが食べたくなります。寒い冬は、体の芯からポカポカ温まる鍋料理が最高です。

つまり、相手に合わせて料理するからこそ、ごちそうとなるのです。いくら高級食材を使って手の込んだ料理を作っても、目の前の食べる人のことを考えていなければ、「美味《おい》しい」と喜んではもらえません。

同様に気遣いも、これだけをやればいいというただ一つの方法があるわけではありません。

相手に合わせて臨機応変に対応することが重要です。同じ人でも、元気なときと落ち込んでいるときでは、かける言葉が変わります。

料理が苦手な人は、料理について学ぶ機会がなかっただけです。食材の特徴や調理方法、食べ物と健康の関係を知れば、食べる人に合わせた料理ができるようになります。

気遣いも人間の心理を知れば、どうすれば人といい関係を築くことができるかがわかります。

気遣いは習得できるものです。料理を習えばうまくなるのと同じです。

そして料理は「毎日手作りせねば」と思うと、苦痛で続きません。気遣いも人に嫌われないように気を遣いすぎるのは、過剰適応で長続きしません。人のために自分の人生を犠牲にしても、うまくいかないのです。

ここで、質問です。

あなたにとって、一番大切な人は誰ですか？
その人はどんな人ですか？
その人はお金持ちですか？
容姿端麗で頭脳明晰な人ですか？
有名で影響力のある人ですか？

多くの場合、そんな人ではないはずです。心に思い浮かべる一番大切な人は、あなたに愛と気遣いをくれる優しい人ではありませんか？

多くの人は、誰かに必要とされるために、優秀な人になろう、お金や出世を手に入れよう、容姿や体型を変えようと努力します。

でも、そんなものは必要ありません。相手に対する愛のある気遣いがあれば、あなたは愛され、必要とされます。

そして、あなたの愛と気遣いは、あなた自身にも注がなくてはなりません。自分を愛せない人は、真に他人を愛せないからです。

仕事、チャンス、お金はもちろん、運さえも人が運んできます。だから、気遣いには人生を一変させる力があるのです。

人生がうまくいくかどうかは、「学歴や容姿や能力」では決まりません。相手に対する「気遣い」で決まるのです。

アフリカにはこんな諺《ことわざ》があります。

「早く行きたいなら一人で行きなさい。遠くまで行きたければみんなで行きなさい」

あなたは、今まで「人に気を遣いすぎて疲れてしまう……」「人との心地よい距離感がわからない……」「気が利く人って一体どんな人？」と、一人で悩んでいたかもしれません。

でも、この瞬間から私と本書に登場する人たちと一緒にゴールを目指しませんか？

一人では辿《たど》り着くことができないはるか遠くの気遣いの世界まで、きっと辿り着けると信じています。

藤本　梨恵子

はじめに

第1章 気遣いの基本編

第2章 話し方・聞き方編

第3章 職場・仕事編

第4章

ちょっとした気遣い編

第5章 気遣いの心得編

第6章 利休七則編

第7章

気遣いの高め方編

カバーデザイン：小口翔平＋須貝美咲（ｔｏｂｕｆｕｎｅ）
カバーイラスト：芦野公平
校正：鷗来堂

第 1 章

気遣いの基本編

01

気遣いは粉雪

粉雪（パウダースノー）は、空気中の湿り気が少なくサラサラしているのが特徴です。
気遣いも、相手を気遣ったあと、何も残らないのが粋です。
カレーの隠し味には、インスタントコーヒー、ケチャップ、りんごなどが使われますが、その食材が主張しないから美味しいのです。カレーからコーヒーの香りが立ちのぼるようでは、それはもうカレーではありません。

あなたの親切を誰かに気づいて欲しいと思うのは、コーヒーの香りがするカレーと同じです。「自分を見て」という承認欲求がそこに存在するからです。

私が通うお料理教室の先生は、道端に落ちているゴミをさりげなく拾って片づけます。自分が使っている駐車場でなくても拾いますし、誰かが捨てたコンビニの袋に入ったお弁当のゴミもサッと拾って片づけてしまいます。

もちろん、この親切は誰の目にも触れず、感謝されることもありません。でも、先生は「自分が出したゴミではなくても、その空間が気持ちのいい空間になった方がいいから」と言います。

肩に落ちて、すぐ消えてしまう粉雪のような気遣いは、見返りを求めない気遣いなのです。

私は幼い頃、お祭りで綿菓子を買うのが好きでした。白くてフワフワしていて、まるで雲や雪を食べているような気分を味わえたからです。でも、綿菓子をちぎって食べると手はベトベトになるし、口の中は綿菓子が消えたあとでもベタベタします。本物の雲や雪ではなく、砂糖で作ったお菓子だから当然です。

食べたあともベタベタとするような気遣いは、本物の気遣いではありません。**相手にも気づかれず、それでいて自分も傷つかない、行ったあとはじっとりとせず、粉雪のようにサラサラと消えてしまうのが本当の気遣いです。**

「この親切は私がやりました」と恩着せがましくしないのが、思いやりという隠し味なのです。

恩着せがましくしない！

02 その場にいない人の気配を感じる

今では電子化されていますが、ひと昔前のオフィスでは有給届などの申請用紙が、従業員共有の棚などに保管されていました。その申請用紙の最後の1枚を使ったとき、次の人のために原本をコピーしておく人と、そのままの人がいます。

棚の前から最後の1枚の申請用紙を手にしたとき、その場所には自分一人しかいません。そこにはいない次に使う人の気配を感じることが気遣いです。

気遣いとは想像力なのです。

隣に誰かがいたら「最後の1枚です。コピーしますね」と一声かける人も多いはずです。目に見え、声が聞け、隣で相手の気配を感じることができたら、私たちは相手を気遣うことができます。でも**自分一人のとき、他者のことを想像するのは難しいものです。**時間がないときはなおさらです。

次の人のためのコピー機の用紙の補充も、シュレッダーの裁断されたゴミの廃棄も、急いでいるとできないものです。

以前、5人のお子さんがいる俳優の哀川翔《あいかわしょう》さんは、「トイレットペーパーがなくなって芯だけになっていると子供たちを叱る」と話されていました。大家族だとトイレットペーパーはすぐになくなります。

子供たちも含めて家族全員で次に使う人のことをイメージできないと、お母さんだけに負担がかかります。哀川さんはお母さんと次に使う人への思いやりを、子供たちに教えたかったのです。

トイレットペーパーを芯だけにしないのは、家族の思いやりのリレーです。その場にいない人の気配を感じ、次の人のために補充すること、何か用意をすることは、気遣いのバトンを渡す行為です。

あなたが思いやりのリレーをしていれば、気遣いのバトンは必ずあなたに返ってきます。

エネルギーは放ったら返ってくる性質を持っているのです。

気遣いのバトンを渡す！

03

想像力を鍛える

気遣いができる人とは、相手の気持ちを汲んで、先回りして行動ができる人です。だから気遣いは愛と想像力でできているのです。では、想像力はどうしたら強化できるのでしょうか？　それは、想像するしかない場面をたくさん体験することです。

子育ての経験のある人は、赤ちゃんの表情や泣き方で何が欲しいのか想像して、あやすことができます。ペットを飼っている人も同様です。基本的に犬は『ワン』、猫は『ニャン』としか鳴かないので、表情や、鳴き声の微妙な変化を汲み取って、「お腹すいたのかな？」「寂しいのかな？」「遊びたいのかな？」などと想像して対応します。言葉が話せない赤ちゃんや動物の心を汲み取るのは、相手の気持ちを想像する気遣いにも役に立つのです。

他にも、ミステリー小説を読んで、いろいろな視点から物事を捉えることも想像力の訓練になります。主人公になりきって、場面をイメージして物語に没頭できるとさらにいいです。まるで、今そのことを体験しているかのようにありありとイメージできることをNLP心理学ではアソシエイトと言います。これは、相手の視点に立って、自分のことのように感じることです。

日頃から、自分とは全く違う価値観の人と話をすることも大切です。そのためには、家族、職場以外のコミュニティに所属しておくことも大切です。

婚活がうまくいっていない男性が、「結婚相手にはうちの親と同居して欲しい。僕が働いてる間、家で一人だと寂しいと思うから」と話したときに、私は椅子《いす》ごとひっくり返りそうになるほど驚きました。

私が「今の女性は義理のご両親と同居するより、一人でいる方が気楽に感じると思いますよ」とお伝えすると彼はビックリしていました。

昔から嫁 姑《しゅうとめ》のトラブルが多いことや、同居といっても二世帯住宅など、お互いを干渉しないライフスタイルを大切にする家庭が多いことは、友人と話をしたり、嫁姑が出てくるようなドラマなどを観るだけでもわかりそうなものです。自分の両親と同居することと、義理のご両親と同居して気を遣うことの違いが、想像できないのです。

気遣いができない人は、自分の興味のない分野の情報には触れません。自分が考えるときに必要な情報が少なく、想像力が乏しくなってしまうのです。

いろいろな分野に興味を持つ！

04

出会う前より相手の気分が良くなることが気遣い

気遣いがうまくいったかどうかを知るためのバロメーターは、「あなたに会う前より、会ったあとの方が、相手の気分が良くなっているかどうか？」です。

カウンセラーの仕事をしていると、就職や恋愛に悩んでいる人が相談にきます。以前こんなことがありました。

学生「リクルーターの人に『仕事のイメージがついてないんじゃないか』と言われてしまって……。内定を取れるか不安です……」

私「学生が社会人ほど仕事内容を理解するのは難しい。でもOG・OB訪問をして、企業研究をすればイメージはどんどんつく。内定を出す出さないは企業が判断すること。自分ではコントロールできない。だから、企業研究や面接練習など、自分でコントロールできることをしっかりやろう！　A君は情熱的で負けず嫌いなところが強みじゃん！」

そう言って励ますと、「そうですね！（笑）」と、来たときよりも帰るときの方が元気になっていました。

落ち込んでいる人が元気になれば、新たな課題解決に注ぐエネルギーが生まれます。**心**

理学でも、気分がいい人は高いパフォーマンスが発揮できると言われています。

すべての商品やサービスはお客様が買う前より、買ったあとの方がいい気分になることが重要です。それが満足度が高いことの証明です。お客様は商品やサービスを買っているのではなく、いい気分を買っているのです。

気遣いは相手の気分を良くして、相手のパフォーマンスが自然に上がる手伝いをすることなのです。

『トム・ソーヤーの冒険』の著者マーク・トウェインは、「夢をばかにする人間からは離れなさい。器の小さい人間ほどケチをつけたがる。真に器量の大きな人間は〝できる〟と思わせてくれるものだ」と言っています。

相手が仕事や日常で最高のパフォーマンスを発揮できるとしたら、それは相手の人生を応援していることになるのです。

相手の気分が良くなることは何かを考える！

05 良かれと思ってやっていることを見直す

Aさんは、同僚に「これ早くやって。本当に何をやらせても遅いんだから」と言います。この言葉は交流分析ではディスカウント（値引き）と言います。

ディスカウントとは、自分や相手の人格や能力や状況を軽視、または無視し、現実を歪めることです。ディスカウントは相手の価値を正当に認めないことによって、前向きに取り組む姿勢をくじいたり、生産的に問題解決を図ることを妨《さまた》げます。

「これ早くやって」↓お願い
「本当に何をやらせても遅いんだから」↓ディスカウント（相手の能力を軽視している）

気遣いの足りない人は、自覚なく相手をディスカウントします。そして、このディスカウントは本人も気づいていないことが多いのです。

Aさんは同僚に対してディスカウントした言葉を多く使うので、上司から「Aさんの言葉で相手は傷ついています。気をつけてください」と注意を受けました。

しかしAさんは、「私は、ただ相手にがんばって欲しいと思って言っただけです」と答えました。

実はパワハラ気質の人は、相手をディスカウントしていることに気づけないのです。

「自分も新人時代に厳しく指導されてきたから今がある」など、自分の言い分の正当化を図ります。相手を傷つけている自覚がありません。だから、繰り返し相手に嫌な思いをさせます。

Aさんも上司から注意されてから1カ月ぐらいはディスカウントをやめるのですが、ほとぼりが冷めるとまたはじめます。自分では良かれと思ってやっているのです。

相手への気遣いを忘れないためには、良かれと思ってやっていることを見直すということも重要です。

相手の人格、能力などをディスカウントしていないか、自分を振り返れる人が気遣いがある人なのです。

他者をディスカウントしていないか自分を振り返る！

06 気遣いは相手のためではなく自分のため

トップセールスパーソンとして広い人脈を持つAさんは、ある日スポンサー契約を打ち切られたアスリートと出会いました。その方の選手生命が絶たれてしまうのはもったいないと思ったAさんは、地元の知り合いの経営者にそのアスリートを紹介しました。すると見事にスポンサー契約を結ぶことが決まったのです。

Aさんは、「せっかく自分を頼ってきてくれた人の期待には、できるだけ応えたい。これは『誰かの役にたちたい』という自分の願望のためにやっている」と言うのです。

Aさんは、朝早くから夜遅くまで飛び回っている大変忙しい方です。しかし、自分の仕事に直結しないことでも、相談されたらできるだけ力になります。相手のために何かをすることが癖になっていて、呼吸をするように自然に気遣いができるのです。

家に6匹の保護猫を飼っているBさんは、真冬にカラスに襲われそうになって動けなくなっているガリガリの老猫を保護しました。猫を獣医さんに連れていくと、長くは生きられないと診断されました。それでも下痢がひどいその老猫に幸《コウ》と名前をつけて、ねじり鉢巻で看病しています。

Bさんは「見て見ぬふりができなかった。見捨てて帰ったら、夜も眠れずに、頭から離れず、心が壊れていたかも……。これは自分のためにやっている」と言うのです。

Bさんはご主人のお仕事を手伝いながら、ご自身の病の治療もしている方です。それでも猫のためではなく、自分のためと言って懸命に看病をしています。

二人に共通する点は、**相手のために進んで気遣いができ、それを自分のためにやっていると思っている**ことです。相手の幸せを自分の喜びにできる人なのです。

「情けは人のためならず」という諺《ことわざ》があります。人に親切にすると、巡り巡って、自分に戻ってくるという意味です。お二方を見ていると、いつもこの言葉を思い出します。

相手に向けた愛のある気遣いは、巡り巡って返ってくる。だから、二人とも優しくて親切な人たちに囲まれていたり、ビジネスがうまくいったりするのです。

気遣いは自分のためにやる！

07

あなたの気遣いの現在地とゴールを知る

私はカウンセラーやコーチとして多くの人にお会いする中で、気遣いについて悩んでいる人、反対に素晴らしい気遣いで職場や家庭、友人とのコミュニケーションがうまくいっている人の違いを発見しました。その違いを4つのゾーンに分類したのが『気遣いのマトリックス』です。アメリカの心理学者エリック・バーンが開発した心理学・交流分析（TAトランザクショナル・アナリス）の「人生態度」に当てはめて作成しました。

①（自分が）元気＋相手目線＝イキイキ WinWin ゾーン
②（自分が）疲れている＋相手目線＝ヘトヘト空回りゾーン
③（自分が）元気＋自分目線＝ドヤ！　俺様ゾーン
④（自分が）疲れている＋自分目線＝げっそり恨み節ゾーン

あなたはどのゾーンに当てはまるでしょうか？
旅には地図が必要です。地図で大切なものは2つです。

① ゴール（目的地）
② 現在地

ゴールが決まっていても、現在地がわからなければ、目的地に辿り着くことはできません。

『気遣いのマトリックス』を使うことで、あなたの気遣いの現在地を知り、あなたしかできない、気遣いのゴールを目指しましょう。

自分のことを理解する！

気遣いのマトリックス

元気

自分目線 ／ 相手目線

ドヤ！　俺様ゾーン

・他人に興味がない
・自分が好き
・独善的なので人に気を遣わない
・気遣いがなくて嫌われるところがある
・支配的・攻撃的・他責傾向がある

●交流分析（TA）の人生態度に当てはめると第3の立場
I am OK.You are not OK.

自分は有能で価値があるが、相手は能力不十分で価値がないと思っているタイプ。人をコントロールしようと、都合の悪いことは相手のせいにする。人に気を遣わせる。

イキイキWinWin ゾーン

・呼吸をするように自然な気遣いができる
・気遣いが進んでできる
・人と関わることで元気がでる
・常に感謝している
・人が好きで自分も好き

●交流分析（TA）の人生態度に当てはめると第1の立場
I am OK.You are OK.

自分にも相手にも価値があると尊重し大切にできるタイプ。
無理なく自然に気遣いができる人が多い。

げっそり恨み節ゾーン

・他人を信用していない
・孤独を感じている
・生きていくのがつらい
・自分もろくなもんじゃないけど、社会や他人もろくなもんじゃないと思っている

●交流分析（TA）の人生態度に当てはめると第4の立場
I am not OK. You are not OK.

自分も相手も価値がなく、他人からの愛情を否定し自分の殻に閉じこもっている。人と深く関わることができない。自分のことだけで精一杯で気遣いできない。

ヘトヘト空回りゾーン

・気を遣いすぎて疲れる
・自分を殺して相手に合わせる
・周りからの評価を気にする
・気遣いが長続きしない
・自分に自信がない

●交流分析（TA）の人生態度に当てはめると第2の立場
I am not OK. You are OK.

自信がなく、相手は能力や価値があると思っている。受け身・劣等感・自己卑下の傾向がある。自分を押し殺しての気遣い、他人の目・自己評価を気にして疲れている。

疲れている

08

まるで呼吸をするような自然な気遣い

呼吸をするように自然な気遣いができる人は、**「イキイキWinWinゾーン」**の人です。このゾーンにいる人を交流分析の「人生態度」で言えば、I am OK. You are OK. の人です。自分にも相手にも価値があり大切だ（自分観＋他人観＝世界観）と思っています。

ドラえもんに出てくる、しずかちゃんタイプです。

しずかちゃんは塾に行く途中に友達に遊びに誘われても「あら、ごめんなさい、今日は塾なの。また誘ってね」と相手も尊重しながら、自分のやりたいこと（塾に行くという目的）を達成します。無理に自分を押し殺さない気遣いなので、ストレスも溜まりません。

では、はじめから自然な気遣いができる人は、どれくらいいるのでしょうか？　多くの人は最初うまくできないけれど、何度もトライをしているうちに相手も自分も気分が良くなる自然な気遣いができるようになります。

例えば、健康のためにと、1日だけ納豆を10箱食べて、他の日は食べないのでは意味がありません。発酵食品を毎日食べることが健康につながります。

気遣いも同じです。1日だけやって、他の日はやらないというのでは、いい人間関係は築けません。

毎日続けるためには、無理をしないことです。まるで呼吸をするように自然に気遣いができれば、長続きします。

気遣いとは、気（エネルギー）を相手に配ることです。まずは、相手目線になる（相手に心の矢印を向ける）ことからはじめます。

そして、気（エネルギー）が枯渇すれば、誰かに注ぐことはできません。つまり、本当の意味で気遣いができる人は、他人と同様に自分にも優しい人です。

精神的なエネルギーは有限です。無理をしたり、相手に合わせて我慢ばかりしていては、あっという間に消耗してしまいます。毎月の収入が決まっているのに、相手に貢ぐためと湯水のようにお金を使ってしまって破綻するのと同じです。

だから、お金を貯蓄するように、精神的なエネルギーの無駄遣いをせず、自分自身の気力が充実するようなケアをすることも大切なのです。

相手も自分も大切にできる人が、長続きする気遣いができる人です。

自分も相手も大切にする！

09
自分を押し殺す気遣いは危険

人からは喜ばれるけれど、自分が疲れてしまう気遣いをする人がいます。それが「ヘトヘト空回りゾーン」の人です。

このゾーンにいる人を交流分析の「人生態度」で言えば、I am not OK. You are OK. の人です。相手は価値があり尊重する存在だが、自分には価値がないと思っています。

ドラえもんに出てくる、のび太君タイプです。

のび太君は、ジャイアンから強引にコンサート（リサイタル）に誘われると、嫌でも断ることができません。自分に自信がなく、自己主張が苦手だからです。のび太君が「ドラえもんはいいよな。僕は無理だよ」と言うように、相手は尊重できても、自分を大切にできない人です。

私はカウンセラーとして多くの方の相談に乗りますが、日本人に一番多いタイプは「ヘトヘト空回りゾーン」の方ではないかと感じています。

日本では謙虚が美徳です。おもてなしの心に代表されるように、相手を大切にする文化があります。だからこそ自分を押し殺し、相手に合わせてしまうのです。

相手に合わせるのが当たり前になり、我慢していることに気づかない人さえいます。

我慢はストレスが溜まります。だから「ヘトヘト空回りゾーン」の人の気遣いは長続きしません。気疲れするので、人に会うのが億劫になります。**我慢のしすぎで、ある日怒りが爆発し、自ら人間関係を崩壊させ、自己嫌悪に陥ってしまうからです。**

人が目標を達成するために我慢することを、心理学では自己制御と言います。

自己制御が行われるときには、特定のエネルギー（制御資源）が消費されると考えられています。

制御資源が枯渇すると自己抑制が利かなくなり、攻撃的な反応が現れることが証明されています。反社会的な行動も制御資源の枯渇が原因ではないかと言われています。いい子がキレると言われるように、我慢の末、怒りを大爆発させる人がいるのはこのためです。

人は心理学的にも、本当の自分ではない押し殺した自分を他者から気に入られても、認められたと感じられず、自分に自信を持つこともできません。**気遣いの観点からは、我慢は美徳ではなく、危険なのです。**

我慢する気遣いを手放す！

10

気遣い不要の俺様道

自分の思った通りに振る舞い、相手への気遣いに欠けるのが「ドヤ！ 俺様ゾーン」の人です。

このゾーンにいる人を交流分析の「人生態度」で言えば、I am OK. You are not OK. の人です。自分は素晴らしい人間だが、相手は大したことないと思っています。

ドラえもんに出てくる、ジャイアンタイプです。

ジャイアンは相手が嫌がっていても「俺のコンサートに来い！」と強引に従わせます。支配的で自己中心的な部分があり、あまり人に気遣いができません。自分が話すのは好きだけど、相手の話を聞くのは嫌いなど、かなりマイペースです。そして、**自己中心的なので、相手に合わせすぎて気疲れすることはありません。**失敗しても、相手が悪いと責任転嫁します。

常に他人より自分の方が優れていると考えるため、家族や会社の同僚や部下に対して、相手をコントロールしようとします。相手を見下しているため、押しつけがましい行動を取ります。独善的で批判的なので、相手に気を遣わせます。

では、なぜ、このように行動するのでしょうか？

心理学的に言うと、この行動は防衛機制の「投影」に当てはまります。防衛機制とは、不安や葛藤で辛くて耐えられない現実から無意識に目をそらし、自分を守ろうとする働きです。

その中でも「投影」は、自分の心の中の「見たくない欠点」や「見たくない感情」を相手が持っていると考えます。他者の欠点が目についたり、相手の行動にイライラするのは、実は自分に対するコンプレックスや劣等感などの嫌な部分を抑圧しているのが原因です。

しかし、防衛機制は無意識、つまり自覚なく行われます。だから、本人は自分の欠点や嫌な部分を相手に投影しているとは気づきません。

批判的で、自分が正しいから相手は自分に気を遣うべきと思っている人は敬遠されます。**毎回顔色をうかがわなければならないような、気を遣う相手に会いたい人はいません。**相手に気を遣わせないのも気遣いなのです。

相手に気を遣わせないようにする！

11 気遣いを枯渇させない

人に気を遣っている場合ではなく、自分をケアし、エネルギーをチャージする必要があるのが、「げっそり恨み節ゾーン」の人です。

このゾーンにいる人を交流分析の「人生態度」で言えば、I am not OK. You are not OK. の人です。自分もろくでもない人間だが、社会や他人もろくなものではないと思っています。そして、人生に価値を見出すことができず、疲れています。

ない袖は振れないと言いますが、お金がお財布に入っていなければ、金銭的な支援はできません。同様に、**自分の精神的なエネルギーが枯渇していては、相手を気遣うことなどできないのです。**

今、「げっそり恨み節ゾーン」にいると思われている人もおられるとは思いますが、安心してください。

人は4つのゾーンの1カ所にずっと留まっているわけではなく、状況によってゾーンが入れ替わると言われています。

だから「げっそり恨み節ゾーン」にいる人でも、自分が望むゾーンに移行して、自分も疲れることなく、相手に心地よい気遣いができるようになるのです。

保護犬も過酷な状況下で長年暮らしていると、人間を警戒し、吠えたり、噛みついたりして、攻撃的で厳しい顔つきになります。しかし、新たな飼い主に愛情を注がれ、安心できる環境で過ごすうちに、穏やかな顔つきの人懐こい犬に変わります。

人間の人格形成については心理学者の間でも、遺伝的要因か、環境要因かと議論がなされてきました。「生まれか、育ちか、どちらが人に影響を与えるのか?」については、現在では半々ぐらいの影響だと考える説が多くなりました。

気遣いができる、できないは、遺伝(生まれつき)の問題ではなく、どんな環境に自分を置くのかで決まります。人に気を遣えるだけの精神的なエネルギーをチャージすることができる環境に、身を置くことが重要です。

自分が疲れてしまうような気遣いはしない!

12 心に栄養を与える

「人は何のために生きるのか。それはストロークを得るためだ」とアメリカの心理学者エリック・バーンは言います。

彼が開発した心理学、交流分析では、人には肉体的に栄養や睡眠が必要なように、**健全な精神の発達のためには心の栄養が必要だとされています。その栄養こそが、「ストローク」＝「相手の存在や価値を認める働きかけ（刺激・ふれあい）」です。**

ストロークには種類があります。大分類すると、撫《な》でる、叩くなどの身体的なものと、笑いかける、睨《にら》むなどの精神的なものです。良くも悪くも、人に与えるインパクトが大きいのは身体的なものです。だから、虐待を受けた人の恐怖心は強く、愛情深く抱きしめられて育った子供は自己肯定感が高いのです。

そして、怒鳴る・馬鹿にする・殴るなど、嫌な気持ちになり自信や意欲を失わせるものを否定的な（ネガティブ）ストロークと言い、反対に、微笑みかける・褒める・感謝するなど、もらうと嬉しいと感じるものを肯定的な（ポジティブ）ストロークと言います。

気遣いとは、相手にポジティブストロークを投げかけることです。

交流分析では、「相手にポジティブストロークを与えれば、50％の確率で相手からもポジティブな反応が返ってくる。しかし、ネガティブストロークを与えれば、ほぼ１００％ネガティブな反応が返ってくるだろう」と言われています。

ただし、もらって嬉しいかどうかの判断は自分ではなく、相手の受け取り方次第です。だから相手の気持ちを想像することが大切です。

気遣いも同じです。良かれと思ってやったことでも、相手が快く受け取ってくれるかはわかりません。しかし、愛のない冷たい対応をすれば、相手からの反応はほぼ１００％嫌な対応で返ってくるのです。だからいい人間関係を構築するには、まずあなたから愛のある気遣いを実践していくことが必要です。

もちろん、いつでもできるわけではありません。ただ、イエス・キリストが話されたように「与えよ。さらば与えられん」なのです。自分から努力することで、いい結果を招くのは気遣い・人間関係でも同じなのです。

人とポジティブな関わりをする！

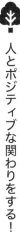

第2章

話し方・聞き方編

13 相手の立ち位置から話す

人は誰しも自分に一番興味があります。だからこそ気遣いができる人は、相手の価値観や背景を理解して会話します。一方、気遣いができない人は、自分の価値観や背景をベースに話をします。

独身のAさんは、既婚者で二児の母のBさんからされるこんな会話が苦痛だと言います。

Bさん「Aは結婚しないの？」

Aさん「仕事も忙しいし、なかなかいい人との出会いもないからね……」

Bさん「結婚しなくてもいいけど、子供は産んでおいた方がいいよ。子供はかわいいよ」

Aさん「そうだね……（苦笑い）」

Aさんは、【結婚はしたいけど、仕事も忙しくてなかなか良縁に恵まれない。結婚しなくていいから子供は産んでおいた方がいいとはどういうこと？　シングルマザーで子供を育てる大変さをわかって言っているの？】と、いつも嫌な気持ちになります。

Bさんに悪気はなく、子供を産んで幸せな自分のような人生を友人にも歩んで欲しいと思っただけです。しかし、相手の立ち位置から話していません。だから、Aさんは独身でいることは犯罪ではないのに、なぜ毎回結婚しろと言われなければならないのかと苦痛に感じます。

反対の立場で考えてみましょう。今、Aさんが子育て中で働いていないBさんに対して次のように話したらどうでしょうか？

Aさん「Bはいつから社会復帰するの？」

Bさん「子供も小さいし、働くのはもう少し先かな……」

Aさん「子供を大学まで行かせるならお金もかかるし、働かないと世間にも疎くなるよ」

こうなるとBさんはいい気分ではいられないのではないでしょうか？ つまり、話すときに**自分の価値や背景をベースにするのではなく、相手の大切にしている価値観や背景を理解して話すことが気遣いなのです。**

Aさんには「今、仕事忙しいの？ 大変だね」と労ったり、Bさんには「子供大きくなったね。子育てはどう？」などと、相手の価値観や背景をベースに話すことができれば、会話も盛り上がり、相手に苦痛を与えることはありません。

相手の価値観と背景を理解して話す！

14

偉そうに聞こえない言葉を選ぶ

気遣いができる人は、出会った人のテンションを上げることができます。でも、そんなことを言われても難しいと感じる人も多いでしょう。テンションを上げることが難しければ、不快にさせなければいいのです。相手を不快にさせるリスクを一番回避できるのは、誰に対しても丁寧な言葉遣いで接することです。

飲食店のスタッフさんに向ける言葉には注意したいものです。注文を聞かれたときに、

Ａ「コーヒー」

Ｂ「コーヒーお願いします」

というのでは、どちらが、感じがいいでしょうか？

また、新幹線のチケットを購入するときも、

Ａ「大阪～名古屋の指定席、１枚」

Ｂ「大阪～名古屋の指定席を１枚お願いします」

ではどうでしょうか？

自分がお客様の立場のときに、偉そうに聞こえない言葉遣いができる人は、気遣いがで

きる人です。

働く人の気分が良くなるように振る舞える人も、気遣いができる人です。

私がコンビニでまとめて公共料金などの支払いをした際に、店員さんから「領収書をまとめてホチキスで留めましょうか？」と聞いてくれたことがあります。そこで、私は「お願いします。素晴らしい気遣いですね」とお伝えしました。すると店員さんも笑顔で「ありがとうございます」と言ってくれました。

素敵な気遣いをしてくれた店員さんに対して、感謝の言葉を伝えることで、店員さんの気分も良くなります。すると次のお客様にも感じ良く接客してくれる可能性が高まります。気分がいい人が、いい仕事もできるのです。

気遣いとはエネルギーです。自分がいいエネルギーを放てば、それが相手に伝わり、循環します。**気遣いがいい気分を生み、それがいい人間関係を生み、いい仕事を創造します。**

気遣いは思いやりのバトンを相手にわたすことです。だから、究極は世界平和につながっているのです。

相手を不快にさせないように振る舞う！

15

「言いましたけど」はNGワード

ベテラン社員のAさんは社内の人に、「ここの案件は〇〇でしたか？」と質問を受けたとき、「メールのここに書いてありますよね！」とついロ調で返答します。

でも、新入社員などのまだ社会に慣れていない人は、たとえメールの中に説明があっても見落としたり、理解できなかったりすることがあります。そもそも、わかっていれば質問などしません。「書いてありますよね……」と言うのは嫌みで、気遣いが足りません。

Aさんは、「よく見ろよ！」と注意をしたつもりかもしれませんが、この言い方で次回から気をつけようと思う人はいません。

人は自尊心を傷つけられると、表面的に「すみません」と謝っても、内心は〝嫌な人だな〟と敬遠して終わります。

注意した方は「正義感で良かれと思ってやっている」と主張します。しかし、心理学的に人は、「責められる」＝「危険」と感じて心を閉ざします。人が高いパフォーマンスを発揮できるのは、気分がいいときです。だから、「言いましたけど……」などと言っていては、仕事の効率アップは望めません。

一方親切なBさんは、同じように「ここの案件は〇〇でしたか？」と質問されても、「この案件は〇〇です。たしか、先日のメールでも送られてきていたと思いますが、わかりにくいですよね」と笑顔で返答します。相手に恥をかかせることがありません。これが気遣いです。

Bさんの対応なら、相手も次回からは気をつけようと思います。さらにBさんの株も上がります。言われた方も言った方も、お互いに気分良く働くことができるのです。

ドイツの哲学者ニーチェも「あなたにとって最も人間的なこと。それは、誰にも恥ずかしい思いをさせないことだ」と言っています。

愚者が話す言葉は、相手の心を暗くし、重くし、冷たくするエネルギーを放っています。一方、賢者が放つ言葉は、相手の心を明るく、楽しく、温かくするエネルギーが満ちています。そして、エネルギーはブーメランです。自分が放ったものが自分に返ってきます。それが人間関係を構築するのです。

冷たいエネルギーでは信頼関係は構築できないのです。

心が明るく、楽しく、温かくなる賢者の言葉を使う！

16 思考の垂れ流しに注意

気遣いができない人は、自分の思考を垂れ流しています。本人は思ったことを正直に言っただけで悪気はありません。しかし、それで相手を傷つけてしまうことがあるのです。

一方、気遣いができる人は、**相手の立場でその一言を言われたらどんな気分になるかを考えることができます。**

私はあるコーチングのセミナーに参加した際、アイスブレイクで「初対面でペアになった相手を動物にたとえる」というゲームをしました。

すると私のペアの相手が「オランウータンに似ている。髪の毛がオレンジになっているところがあるから」と言ったのです。

女性でオランウータンに似ていると言われ、嬉しい気分になる人はいません。しかも、コーチングは出会ってすぐに相手のいい所を見つけて承認し、モチベーションを上げていくことが大切とされています。私は「センスのない人だな」とがっかりしました。

販売員のAさんは先輩に、「先輩の服、去年のモデルですね。物持ちいいですね」と言って、嫌な顔をされました。この言い方では、先輩が古いものを着ている節約家みたいに聞こえます。

彼女も思いついたことをそのまま口にしてしまうタイプで、悪気はありません。

「素敵！　こういう着こなしもいいですね」など、先輩にかける言葉は他にもいくらでもあったはずです。

二人に共通しているのは、相手の気分が良くなるかどうかに焦点が当たっていないことです。相手に心の矢印が向いていないのです。

自分にだけ心の矢印が向いている人が、他者に良い影響を与えることはできません。思考を垂れ流す前に、**目の前の人に想いをはせて、相手の気分が良くなるかどうか考えて、第一声を発することが重要です。**

相手の気分がどうなるかを考えて第一声を発する！

17 防衛本能の強い前置きはしない

思考を垂れ流すのも問題ですが、考えすぎて前置きが長くなるのも考えものです。

では、前置きしても好かれる人と嫌われる人の差はどこにあるのでしょうか？

前置きしても好かれる人は、話す前に相手がどう感じるかを考えています。これは、心の矢印が相手に向いている状態です。

反対に前置きで嫌われる人は、これを話したら自分がどう思われるだろうかと考えています。これは心の矢印が自分に向いている状態です。

トップセールスパーソンは言葉を発する前に、まずお客様がどう思うかを考えます。だから、「大変恐縮ではございますが……」「あくまでも個人的な見解ですが……」など、相手が不快に思わないように注意して話せるのです。

話しはじめる前から、これを聞いたら相手がいい気分になるか、不快になるかを予測しています。

一方、**前置きで嫌われる人は、これを話さないと相手から責められるのではないかという恐怖があります。**これは防衛本能が強いからです。

「この件は、一度お伺いしてお話ししようと思っていたのですが……。休み明けでお忙しいかと思っている間に連絡が遅くなりまして……」などと、自分が責められないように防御するために話が長くなり、聞き手に必要ではない話が繰り返されます。

相手目線で話ができないので、信頼を勝ち取ることもビジネスがうまくいくこともありません。

前置きで好かれるかどうかは、心の矢印の向きで決定します。

心理学では自分に心の矢印が向いているときは、影響力を発揮することができないと言われています。**相手に心の矢印を向けたとき、はじめて影響力が発揮されるのです。**

自分がどう思われるかではなく、相手がどう感じるかを考えることが気遣いなのです。

前置きするなら、相手目線で行う！

18 「はい、でも」ゲームをしない

自分に自信がなく、相手に必要以上へりくだってしまう人の中には、交流分析の「はい、でも」のゲームをする人がいます。心理ゲームとは、無意識に相手に仕掛けてしまう、嫌な後味の残るコミュニケーションのことです。「はい、でも」のゲームは、相手に対して相談を持ちかけますが、相手の意見には「はい、でも」と同意しません。相手は一生懸命提案しても受け入れられないのでうんざりします。

例えば、次のような会話です。

上司「営業成績を上げるために、顧客に電話してみては？」

部下「はい、でもお客様がお忙しいので電話に出てもらえないことも多くて……」

上司「メールで提案すればいいのでは？」

部下「でも、大切な提案をメールでするのはいかがなものかと……」

上司「……（何を言ってもダメか）」

このゲームを仕掛ける側の人（この場合部下）の多くは、幼児期に自分で選択する自由がなく、養育者に従わざるを得ない経験をしています。長年の溜まった鬱憤から、無意識に〝相手の思い通りになるものか！〟という想いを抱えています。しかしストレートに伝えることができないので、心理ゲームという歪んだ形で人と接し、相手の時間を奪って無気力にしてしまうのです。

自分の気持ちを押し殺しているうちに無意識に相手を不快にし、トラブルを招くようなコミュニケーションを取っていては、気遣いどころではありません。自分の気持ちを押し殺し、へりくだって我慢ばかりしていると鬱憤が溜まり、他者に心理ゲームを仕掛けてしまいます。

相手に伝えたいことがあれば、普段から我慢せずにアサーティブ（相手も自分も大切にした）コミュニケーションで、自分が思っていることを率直に伝えていくことが大切です。すると自分が嫌な気分を溜め込まず、歪んだコミュニケーションを取らなくなります。

また、相手に「はい、でも」ゲームを仕掛けられた場合は提案するのではなく、「あなたはどう思う？」と相手に決定してもらうようにするのが有効です。不要なゲームに巻き込まれないことで、いつでも自然に気遣いができる状態をキープできます。

自分の鬱憤を溜めない！

19

空振りより感情の見逃し三振に注意

気遣いに正解はありません。一人一人、価値観が違うからです。

気遣いは、そのときどきに相手の一番大切にしていることは何かを理解して、提供していくことです。そのために一番重要なことは、相手をよくキャリブレーション（観察）し、相手の一番言いたいことを掴むことです。だから、カウンセリングでもコーチングでも、最も大切にされているのは傾聴です。傾聴とは相手の主訴、一番話したいことは何かを意識し、相手を共感的に理解しながら話を聴くことです。

しかし、世の中には話を聴くことより話したい人が多いのです。だから、**つい相手の話を聴きながら自分の話にすり替えたり、アドバイスをしたりしがちです。これでは人の気持ちは掴めません。**

人は自分に一番関心があるのです。多くの人は話し方ばかりに気を取られて、いい聞き手になることを疎《おろそ》かにしています。しかし、本当に相手にとって特別な存在になることができるのは、聞き上手なのです。

世界的ベストセラー『人を動かす』（創元社）の著者デール・カーネギーも「人の心に

触れる一番の近道は、その人が最も大切にしていることは何かについて話すことである」と言っています。

よく、影響力を持ちたいがために、お金持ちを目指したり、ビジネスで成功しようとしたり、容姿を美しくしようと努力する人がいますが、**最も最短で他者に影響力を持つ方法は、いい聞き手になることです。**

傾聴力を鍛えるための方法はたくさんありますが、まずは相手の話の中の喜怒哀楽を見過ごさないことです。その人にとって大切な価値観に触れているから、感情が動くのです。

「食事を残す人を見てイライラする」という人は、〝食事は残さずに食べるべき〟という価値観を持っています。この場合、イライラするという感情のキーワードから、何にイライラするのか原因を探ることが重要です。そこに相手の価値観が存在するからです。

相手の感情のキーワードを見逃すことは、相手の価値観を掴んで心の距離を縮める機会を失ったということです。気遣いができる人は、話の中で相手の「感情のキーワード」＝「喜怒哀楽」を見逃し三振しない人です。

相手の喜怒哀楽を見過ごさない！

20
相手の話を遮らない

傾聴力を鍛えるための方法はたくさんありますが、まず、人の話を遮らないことです。

化粧品を販売しているAさん、商品の効果についていろいろ説明している途中にお客様から「これって、こういう肌状態のときは使えますか？」と質問されました。

するとAさんは「それは、あとから説明しますね」とマニュアル通り、化粧品の説明をしました。Aさんに悪気はなく、忘れないうちにマニュアルに書かれていることを説明したいので、お客様の質問を遮って話し続けたのです。

これではお客様がその商品をお買い上げになることはありません。**疑問が浮かんだときに、すぐに答えてもらうから安心して続きが聞けるのです。疑問が解消されないまま、次の説明をされても、心の中には入ってきません。**

反対にトップセールスパーソンたちは、商品やサービスの説明の前に「わからないことがあったら、話の途中でも質問してください」と言って、相手を安心させます。そして、質問にはその都度答えていきます。その方が、自分の説明を聞いてもらえることを理解しているのです。

Bさんは人の話を遮る名人です。

「Bさん、システムエラーになっているみたいです」と同僚が話しかけようとしても、「システム……」と言いかけたぐらいで、Bさんは「ああ、もう全部わかってます！　大丈夫です！」と相手の話を遮ってしまうのです。

自分がわかっているかどうかは別にして、最後まで相手の話を聞くことが相手を大切にすることです。聞いてあげることで相手は安心し、そこに信頼関係が生まれるのです。

では、なぜBさんは相手の言葉を遮ってしまうのでしょうか？

同僚が知らせようとしたのは、システムエラーについてです。つまり、Bさんはその事実によって自分の失敗を責められているように感じてしまうのです。**プライドが高く、自分のミスなどを指摘されたくないという高い防衛心が、相手の話を遮るという行為になるのです。**

しかし、これでは人望を集めることはできません。人の話を遮らずに聞くには、まず自分の心の内側を整えなくてはならないのです。

心に余裕を持つ！

21 アドバイスをしないのが気遣い

男女の会話のすれ違いは、脳の特性を知らないことが原因です。**女性は共感を求める「共感脳」、男性は解決することを目的とする「解決脳」だと理解することからスタートです。**

妻「PTAの集まりの後に、ランチに誘われるのが憂うつなの。自慢話が多くて……」

夫「じゃぁ、ランチを一緒に行くのをやめればいいじゃないか」

妻「あなたは、私の気持ちを全然、わかってくれない！」

これはよくある会話のすれ違いです。女性は共感して欲しいだけなのに、男性はアドバイスをしています。女性からすると本当にガッカリな対応です。

「憂うつなの？ 大丈夫？」と、まずは共感して、話を聞いて欲しいのです。男性が結論から話すのを好むのとは反対に、女性は話しているうちに内容がまとまります。

イギリスの発達心理学者サイモン・バロン・コーエン氏によれば、興味の対象が男の子は対物志向、女の子は対人志向であると言います。狩猟採取時代の男性が目的なくおしゃべりに夢中になっていると、獲物を逃します。さらに、物事を俯瞰して素早く問題を解決しなければ、獲物を捕ることはできず、生き延びることができません。だから遺伝子的に男性は、目的のない会話が苦手なのです。

一方、男性が狩りに出ている間、女性は村の人たちと子供たちを守り、コミュニケーションを取って暮らしています。外敵に襲われたときも、声を出すことで生存確認をします。だから目的がなくても話せるのです。それぐらい、会話に対するスタンスが男女では違います。

男性が解決のために良かれと思ってアドバイスをしても、その前に共感がなければ、アドバイスが女性に届くことはありません。カウンセリングの傾聴スキルでもよく言われますが、人は自分の話が聞いてもらえていないと思うと、同じ話を繰り返します。だから、相手の感情に共感して話を聞くと、女性も満足して早く会話を終えることができるのです。その方が、目的のないおしゃべりが苦手な男性にとっても楽です。まずは共感ファーストで話を聞くことが気遣いなのです。

カウンセリングでペーシング（合わせること）が先、リーディング（導くことは）はあとと言われるのはこのためです。共感なくして、リーディングはありません。

共感ファーストで聞く！

22 雑な気遣いが粋な気遣いになる

私は千原兄弟が出演している『チハラトーク』というトークライブが好きです。

そのトークライブで、千原ジュニアさんが兄のせいじさんに、「この前、バイク乗ってたら、若者に中指立てられて、めっちゃ腹たったけど、手を出したら終わりやし、あんなとき、どないしたら良かったんかな。気分悪いわ～」と嘆いていました。するとせいじさんが「そんな奴は、葬式に来る友達は2人や」「そんな奴は、貯金8万や」と笑いを取りながら、共感して励ますのです。

カウンセリングでもクライアントの話を共感して聞くことが、嫌な感情を浄化していくプロセスで重要です。**共感的に話を聞くことは、気遣いなのです。**せいじさんは表面的には雑に見せかけて、ジュニアさんに対する共感度合いが高いのです。コーチングやカウンセリングの話の聞き方で**重要なのは、相手の深刻度に合わせた相槌です。**

「最近、ちょっと体重が気になる」と言う人に、「うーん、そうですか……。体重が増えたのですか。それは大変ですね……」と答えたら、相手は気が重くなります。

「そうですか？　あんまり気になりませんけど。私なんてお腹の贅肉がこんなについちゃって、困ってます！（笑）」と軽く言われた方が、気が楽になります。明るい気持ちの方がダイエットに取り組む元気も出ます。

もちろんこの反応は、相手のタイプと深刻度によって変わります。借金を抱えて、夜も寝られないくらい**深刻なときは、じっくりと共感して聞く必要があります。さほど深刻でない場合は、相手を落ち込ませないように、軽めに聞くことも気遣いなのです。**

以前、ジュニアさんはバイク事故で大怪我をしました。ジュニアさんは、「当時、芸人仲間が毎日のように病室へわざとバイク事故を起こす映画やバイク雑誌を持ってきて、笑わせてくれたのがありがたかった」と話されていました。これは深刻度が高いですが、すべてを笑いに変換していけるジュニアさんの芸人魂も強いので、心を明るくすることができたのです。

そんなジュニアさんの性格を知り尽くしたせいじさんは、ジュニアさんにとって嫌な出来事を共感しながら笑いのネタとして昇華させる「絶妙な話の聞き方（気遣い）」をしています。

深刻になりすぎない！

23
相手の話を要約する

相手の一番大切にしていることを理解できれば、同時に相手の心も掴めます。そのためには相手の話の主訴を掴み、要点を押さえる必要があります。相手の一番言いたいことを理解することができれば、信頼され、話も弾み、ビジネスなら自分の提案も受け入れてもらいやすくなります。

重要なのは、「相手が一番言いたいことは何か?」と頭にアンテナを立てて話を聞くことです。すると相手の主訴がわかるのです。

主訴の探し方は、

・感情のキーワードが出てくるところ

・相手が繰り返し話すこと

に注目していくことです。

もし、相手の話が長くなったら、そのポイントを要約することで、〝私はあなたの話をこのように理解しました〟と伝えることができます。

ポイントは「要するに○○」と、その話の重要なポイントを一言にまとめることです。

「要するに」を使わない！

しかし、相手に「要するに○○ですよね」とそのまま伝えるのはNGです。「要するに」という言葉は、相手の話を聞き終わったあとに伝えるとマウンティングしているように聞こえるからです。そうなると相手は心を閉じます。

学問の理解には「要するに」を使用してもいいのですが、相手の気持ちを汲むという行為で使用してはいけません。

しかし、自分が相手の話を理解したという優秀性を示そうとする人は、悪気なく相手の話のあとに「要するに」と言ってしまいます。相手に馬鹿にされてはいけないと警戒する気持ちが裏目に出て、相手にマウンティングしてしまうのです。

相手の話を要約するときは、「なるほど、私は○○と理解しましたが、よろしいでしょうか？」と謙虚な姿勢で聞いていくことが重要です。

24 気遣いは硬くなると枯れる

「はい、はいと言っておけばいい」「明るく振る舞っていれば人から好かれる」「とにかく謝っておけば丸く収まる」など、人には過去にうまくいったコミュニケーション方法を繰り返す傾向があります。脳は単純化を好みます。X＝Yと決めたら、それを繰り返した方が楽なのです。これさえしておけばうまくいくと一度信じてしまうと、それを信念として固定化します。

ある女性医師は幼い頃から親に「女の子は困ったら、にっこり笑えばなんでも許される」と言われ、その通り実践してきました。本当に幼い頃は失敗しても笑っていれば、「しょうがないな」と相手から許されることが多かったのです。

彼女は医師となり、外科医の先輩の助手として手術に立ち会いました。その手術中に指示された手術道具がわからなかった彼女は、「へへ」と笑ってごまかそうとしました。人の命に係わる手術中の出来事です。当然、先輩からは烈火のごとく叱られました。

人は焦るといつも使い慣れたコミュニケーションを取ろうとします。そして、うまくいかないと、さらにその行動を強化する傾向があるのです。

例えば、ジェスチャーを入れながら説明した方がわかりやすいと思っている人は、ジェスチャーで説明をします。相手の反応がイマイチと思うとさらにジェスチャーを大きくして説明します。しかしそれでは、「なんて落ち着きがない人だ」と疎まれることさえあるのです。

人は自分がいいと信じている行動を繰り返します。しかし、本当に相手から喜ばれる気遣いには、相手に合わせて臨機応変に変化させることが必要です。

老子の言葉に「人之生也柔弱、其死也堅強。萬物草木之生也柔脆、其死也枯槁。故堅強者死之徒、柔弱者生之徒」があります。意味は、「人は生まれたての赤ん坊のときは肉体が柔らかいが、年老いて死ぬときは堅くなる。草木も同様に芽吹いたときは柔らかく、堅くなると枯れる。弱く柔らかい方が生に近い」です。

気遣いも同じです。固定化した時点で気遣いは枯れてしまいます。相手に合わせて柔軟に変化させることで気遣いが生きるのです。生命力のあるものはいつも柔らかく変化し続けるものなのです。

ワンパターンな対応をしない！

25 言葉を選ぶ

相手が話す言葉は、相手の世界観そのものです。だからカウンセリングでは、相手の言葉を言い換えたりせずにそのままオウム返しする〝繰り返し〟という技術があります。**相手の言葉を大切にすることは、相手の価値観を大切にする気遣いなのです。**

特に相手がデリケートになっているときに、言葉を言い換えてしまうのは危険です。自分は理解されなかったと感じさせるからです。

私はある日、Facebookで、社会問題を取り上げている本を読んでとても考えさせられたと投稿しました。するとある人が、「とても面白い」とコメントされました。もちろんいろんな表現があるのでいいのですが、私の気持ちは理解されなかったと感じました。

このように言葉を言い換えることはリスクがあります。相手に「まさに、それ！」と自分の気持ちを代弁してもらったと思えるほどの言い換えは喜ばれます。しかし、見当はずれの言葉を選ぶと、相手から「この人は私をわかっていない」と思われて、心が離れてしまいます。

カウンセラーの勉強をはじめた頃、たくさんの感情（喜怒哀楽）の言葉を持ちましょうと教わりました。悩んでいるクライアントは、自分の気持ちをピッタリ表す言葉を持たないことがあるからです。

だから自分の気持ちにピッタリの言葉と出会ったとき、クライアントははじめて自分の感情がどのようなものだったか気づき、解決に向けて進んでいけるのです。

教育現場でも人間関係のトラブルが多い子供は、感情を表現する言葉を「かわいい」と「ウザイ」しか持たないと言われます。**適切に自分の感情を言葉にできなければ、自分を受け入れることも、他者の気持ちを理解することも難しいのです。**

では、たくさん言葉を知っていればいいのでしょうか？　これも違います。

相手の心情とは関係のない、自分の知識をひけらかすためだけのようなコメントをしてしまう人がいます。しかし、これでは嫌われます。自分に注目して欲しいという承認欲求が強いのです。

言葉を多く知っていても、相手の気持ちにピッタリと合うものを選ぶことができなければ、相手を気遣うことはできないのです。

たくさんの言葉の中から、相手にピッタリな言葉を選ぶ！

26 相手の望みが叶う言葉がけをする

相手の望みが叶うような言葉をかけることが気遣いです。しかし、うっかり相手が避けたい状態を喚起するような言葉をかけてしまうことがあります。

重要なプレゼンを任されている人に、次のように声をかけてしまうことはありませんか？

「緊張しないようにね！」

緊張しないようにと言われると、脳の中では過去に緊張した場面が浮かんできます。脳はイメージしたものを実現します。だから、「緊張しないようにね」というのは、相手に緊張する準備をさせる言葉がけなのです。「〇〇しないように」という否定語を、脳は理解できません。

プレゼン前の人には「いつも通り、落ち着いて話せば大丈夫！」など、**避けたい状態ではなく、望む状態で話をすることが重要です。つまり、否定語ではなく肯定的な言葉で話すことが気遣いなのです。**

例えば、寒い冬の日に「寒いので、風邪をひかないようにしてください」と言うよりも、

「寒いので、温かくしてお休みください」と声をかけた方が、風邪を引きにくくなります。

子供たちに「喧嘩しないようにね」と言うよりも、「仲良く遊んでね」と言う方が、子供たちの頭の中に、仲良く遊ぶイメージができて実際に仲良く遊べるのです。

しかし、私たちの幼児期に養育者から躾《しつけ》としてかけられる言葉のほとんどが、「○○しないように」という否定語です。

「廊下は走らない！」「ご飯はこぼさないように食べなさい」などと言われて育ったため、意識して肯定語を使わなければ、つい否定語で話してしまいます。

「走らない！」と否定語で話すより、「ゆっくり歩いてね」と肯定語で話す方が、話し方も優しくなります。

相手に愛と優しさと届けるのが気遣いです。

肯定語で相手の望む状態をイメージさせる！

27 相手の名前を呼ぶ

心理学では会話中に相手の名前を呼ぶことをネームコーリングと言います。

「あ」から「ん」までのひらがなに点数をつけていく実験では、人は自分の名前にある文字に高得点をつける傾向があると言われています。つまり、**人は無意識に自分の名前を特別なものだと思っているのです。**

だから「この企画どう思いますか?」ではなく、「山田さん、この企画どう思いますか?」と自分の名前を呼んでくれた相手に好意を抱きやすいのです。

人は自分に一番関心があり、自分の名前は特別なのです。

自分が相手に対して話をするときは、**相手の名前を呼んで話した方が相手と親しくなれます。**しかし、相手が自分の名前を覚えているかどうか試す行為はいただけません。

私は師匠のセミナーで、受付で参加者の名簿にチェックをしていました。

多くの参加者は「○○です」と自分の名前を言いながら、名簿を指差してくれていました。

しかし、ある方は自分の名前を名乗らず、私がその方の名前を覚えているかどうかを試しました。これはプレッシャーです。

ビジネスでも名刺交換をした際に「以前にお会いしましたが、覚えていますか?」と、自分の名前を相手が覚えているか確認しようとする人がいます。これも、相手にプレッシャーを与えます。**何度か会ったことがある相手でも、「こんにちは! ○○です」と明るく名乗ることのできる人が気遣いのある人なのです。**

自分の名前を覚えているか確認したいというのは、承認欲求が強い人です。子供時代なら自分を中心に大人たちが構ってくれますが、大人になったらそういうわけにはいきません。

実は、幼い頃に承認欲求を満たしきれなかった人は、大人になっても自分だけを見て欲しいという欲求に取り憑《つ》かれてしまうことがあるので注意が必要です。

相手の名前を呼ぶ、自分の名前は何度でも名乗る!

第 3 章

職場・仕事編

28 序列をつけない挨拶をする

挨拶の仕方も気遣いの一つです。元気な挨拶や丁寧な挨拶は、それだけで相手の気分が良くなるからです。

心理学的にも、人は気分がいいときに高いパフォーマンスを発揮することが証明されています。気分は能力に比例するのです。

あなたが元気に挨拶をして、誰かの気分が良くなれば、相手の能力発揮に貢献しています。さらにその相手が仕事や日常生活にいい効果を生み出すとしたら、挨拶は社会貢献の一つだと言っても過言ではありません。

ビジネスで成功する人は、挨拶に差がありません。誰にでも、元気で丁寧な挨拶をします。ある企業で常務をしているAさんは、部下から挨拶されたときも「おはようございます！」「お疲れさま！」と元気に笑顔で返します。だから、社内の雰囲気も良くなります。

一方、社内にどんよりとした空気を落とすBさんは、同僚や部下から「お疲れ様です」と言われても、少し頭を下げるだけで言葉を発しません。でも、上司には声を出して挨拶をします。挨拶する相手に差をつけて、上司以外に挨拶しても得はないという心が態度に現れているのです。これは気遣いが足りません。

挨拶は一見、挨拶を交わした両者の間だけで完結する行為に見えます。しかし、**挨拶とは自分がどんな人間か、相手にどんな序列をつけているのかを一瞬で周りに知らしめている行為なのです。**挨拶がいい組織は、お互いを尊重し合い、周りにもいいエネルギーを放っています。だから組織の士気が上がるのです。

私が仕事でよく伺う愛知工業大学のキャリアセンターは、学生相談も多く大変忙しい部署です。しかし、お客様がいらっしゃったとき、お帰りになるときは、必ず全職員が手を止めて立ち上がり「いらっしゃいませ」「ありがとうございました」と挨拶されます。職場の雰囲気も良く、いつも素晴らしいなと感じます。

それはキャリアセンターという部署だけに留まらず、職員の丁寧な挨拶をそばで見ている学生にとってもいい模範になっています。未来を担う若者たちが、あなたを見て育っていくとしたら、あなたはどんな挨拶をしますか？

挨拶は相手に対する気遣いであり、社会貢献なのです。

挨拶は社会貢献につながると心得る！

29 不服が返事に出る

Aさんは、職場で何かを聞かれたり、相手の意見に不服があるときの返事が「はぁ」です。「はい」ではなく、「はぁ」なのです。不服が返事に出るのは気遣いが足りません。

Aさんは社歴が長いベテラン社員です。部署異動などもない会社なので、長く勤めるほど仕事内容や会社の内部事情に詳しくなります。だから自分がわかっている当たり前のことを他の人が質問してくると、面倒だと感じます。そして、返事が「はぁ」になるのです。

Aさんに注意できる立場の人も限られているので、相手の意見などに不服があるときに「はぁ」と言っても誰からも咎《とが》められません。

でも、「はい」ではなく「はぁ」と言われた人は、気分がいいはずがありません。だから社内でも何か確認事項があるときは、Aさんではなく別の人に聞く人がほとんどです。どうしてもAさんでなければならないことのみ、仕方なく聞きにいきます。

職場では効率や高いパフォーマンスが求められます。心理学では気分がいい人の方が高いパフォーマンスを発揮できると言われています。だから、**職場の人たちに高いパフォーマンスを発揮して欲しかったら、相手の気分が良くなる返事をすることです。**相手の気分を害する返事は、社員のパフォーマンスを落とす迷惑行為です。

因果応報と言いますが、やったことは必ず自分に返ってきます。だから、Ａさんはいつも長く残業をしています。周りの人のパフォーマンスを下げた分、Ａさんの仕事も増えて溜まっていくからです。

仏教では「無知な愚か者は自分に対して、仇であるかのように振る舞う」と言われます。自分が放った負のエネルギーは必ず自分に返ってくるからです。**『悪因悪果』（悪い行い）は、悪い結果になり、『善因善果』（良い行い）をすれば必ず報われます。**

Ａさんは、無自覚に自分の不服を含めて「はぁ」と返事をしただけですが、実際は相手を不快にする気（エネルギー）を放っています。Ａさんが質問に答えるのは、面倒だと思った以上に、職場の人はＡさん自身を面倒な人として扱い、信頼が寄せられることはありません。自分が放った負のエネルギーが自分に返ってきているのです。

どんなときも、「はい」と返事ができる人が、いい気（エネルギー）を放つ気遣いができる人です。

いい返事をして、いいエネルギー循環を生みだす！

30 仕事の守備範囲を広げる

気遣いができない人は、仕事の守備範囲が狭い人です。

社内のシステムの仕事をしているAさんは、「これは私の担当ではありません。業者を呼んでください」「iPadの使い方？　購入した担当の部署で確認してください」と自分が知っている情報でも、担当ではないと突っぱねます。

これは、守備範囲が狭い人です。多くの人の役に立つからこそ、喜ばれるのが仕事です。Aさんが退職するとき、別れを惜しむ人はいませんでした。あまり仕事をしない人という評価だったからです。

後任のBさんは、社内の人から「パワーポイントを冊子のように印刷したいのですが、やり方わかりますか？」と聞かれて、やり方がわからなくても「ちょっと、調べてご連絡します！」と、自分の担当範囲でないことも対応します。

これは仕事の守備範囲が広い人です。**自分の担当ではなくても、できる限り調べて、相手の役に立とうとするのが気遣いのある人なのです。**

自分の担当外でも、調べてわかれば、自分も新たなスキルやノウハウを身につけることでき、相手からも喜ばれて、一石二鳥です。

元CAのCさんは、新人時代「人が嫌がる仕事をしなさい」と言われたそうです。広い空港の端から端まで移動し、必要なチケットを取りに行く作業などが急に発生したときでも、Cさんはその役を買って出ます。そんな風に人が嫌がる仕事を引き受けていくと、社内で「Cさんならやってくれる」と信頼されて、他の重要な仕事を任せてもらえるようになったと言います。

自分の担当の範囲だけやって守備範囲を広げない人は、人の役に立つという気遣いも喜びも知ることができません。人望も集まらず、スキルアップもしないので、ビジネスで成功する可能性は低くなります。

気遣いとは、相手のためにどれだけ骨を折れるかなのです。

骨の折れる作業を自ら買って出る！

31 気遣いは生き物

道元《どうげん》禅師の言葉に「霧の中を行けば、覚えざるに衣湿る」というものがあります。霧の中を歩くと、知らないうちに衣服が湿るという意味です。

自分がどんな環境に身を置くかが非常に重要です。その環境の影響を知らないうちに受けてしまうからです。

人がいかに環境の影響を受けるかについては、「スタンフォード監獄実験」で証明されています。

これは、1971年にスタンフォード大学の心理学名誉教授であるフィリップ・ジンバルドーが行った社会心理学の実験です。大学内に架空の刑務所を作り、学生に看守役と囚人役を演じさせるという模擬監獄実験でしたが、この実験は1週間もたたずに中止されました。看守役が残忍な行為を繰り返したからです。善良な人であっても、環境やその場の空気で普段はやらないような残忍な行為を行ってしまうのです。

ブラック企業で「売り上げを上げられない奴は、窓から飛び降りろ」などと罵詈雑言《ばりぞうごん》を投げつける上司は個人の問題でしょうか？　それとも組織でその役割を与えられたからでしょうか？

ある企業では、社内の人に対しても、お客様に接するときのような気遣いをすることを徹底しています。東京本社の社員のAさんが札幌支社に社内研修講師として出向いた際も、受付に「A様お待ちしておりました」とウェルカムボードが置かれています。このような気遣いはすべての社員に対して行われています。社内で働く人の気分がいい方がパフォーマンスも上がり、結局はお客様への対応も良くなるからです。

反対に、社内と社外で大きく態度が違うような企業では、そうはいきません。自分のモデルになるような人が、社内にいるかどうかも人材育成では大切なことです。モデルになる人が一緒の環境にいると、自分も自然にその人からも学べるからです。

気遣いは伝染します。社内の雰囲気と同じものを社員は放つようになるものです。

人は環境の動物です。だから他者を気遣えるような環境の整備が必要です。**気遣いは生き物です。花が土や水がないと育たないように、気遣いもモデルになる人や安心安全な環境がなければ育たないのです。**

気遣いが育つ環境を整える！

32
花を手折る

花を一輪手折《たお》って、瓶の中に閉じ込めてしまったら、もうその花は生きることができません。美しいと思って手折った花は水をやり、その環境で生きられるように配慮する必要があります。

気遣いも同じです。**相手がイキイキとその人らしさを発揮できるように心を配ることが気遣いです。つまり相手の長所を見つけ、伸ばすサポートをすることです。**

欧米人より日本人の方がネガティブな部分に意識がいきやすいと言われています。それは、日本人が農耕民族だったからです。1年かけてお米を作るのに、虫がつくなどしてお米が育たなかったら、その苦労が台無しになります。だから、リスクヘッジの能力が高いのです。その能力が人に向かうと欠点ばかりが目についてしまいます。

人の長所と短所は表裏一体です。長所としてリーダーシップがある人は、短所として少々強引なところがあるものです。同様に優しい人は、優柔不断な一面があります。

気遣いが足りない人は、相手の欠点を見つけては徹底的に叩いたり、直そうとやっきになります。本人に悪気はなく、良かれと思ってやっている場合が多いものです。しかし、往々にして**短所を直そうとすると、長所もなくなってしまいます。**

コーチングではクライアントの長所を見つけ、伸ばすことで高いパフォーマンスを発揮できるようにサポートします。コーチングは欧米生まれ。欧米人は、狩猟民族です。獲物を逃したとき、「どこが悪かったのか?」と反省するより、「次はどうやって獲物を狩るか」という解決に目を向け、モチベーションを落とさない方が狩の成功確率は高まります。

私はアイディアを出すのは得意なのですが、誤字脱字を見つけるのは苦手です。デザイナー時代のクセで文字はブロックに見えて、余白などの見栄えの方が気になり、誤字脱字が発見できないのです。ある上司はそんな私に誤字脱字のない書類を提出させると時間がかかると考え、企画書やデザインをどんどん作らせて、誤字脱字などは自分でチェックしてくれていました。結局その方が仕事の効率もクオリティも上がり、自分も評価も上がります。

相手の長所を伸ばし、欠点をサポートできる気遣いがある人が得をするのです。

相手の長所を見つけて伸ばす!

33 マニュアルを超える

コメディアンの千原《ちはら》せいじさんが、日本と海外の気遣いの違いについてこんな話をされていました。

日本のホテルに滞在中、モーニングのメニューでゆで卵かスクランブルエッグかを選ぶ際、両方食べたいと思い、ホテルのサービススタッフに「別料金払うから、ゆで卵とスクランブルエッグ両方くれへん？」とお願いしました。するとスタッフから、「そのようなサービスはしておりません」と断られてしまったのです。

「厨房に卵が山盛りに積まれているんだから、それを一つスクランブルエッグの横に添えてくれるだけでいいのにな」とせいじさんは思われたそうです。

せいじさんはお仕事で海外に行くことが多く、同じようにお願いすると、海外のスタッフは「お前、そんなに卵好きなのか？　一つでいいのか？　明日は、お前のために卵多めのオムレツを焼いておくよ！」など柔軟に対応してくれると言います。

日本人は真面目な人が多く、許可なくルールを変えることが苦手です。その分マニュアルにそって丁寧に対応することが得意です。

一方海外の人は、日本人からすると一見無愛想に見えたり、丁寧な対応ではないと感じることもありますが、自分の判断で動ける人が多いのでその分融通が利きます。

多くの人に一度に何かを浸透させるときは、マニュアルが便利です。迷ったときも、マニュアルに立ち返ることができます。しかし、**人の心は十人十色。**それぞれ要望が違います。だから、**柔軟に対応するにはマニュアルを超えていく必要があるのです。**

ディズニーランドは、マニュアルを超えるサービスで有名です。こんな逸話があります。

ディズニーランドのレストランでは、大人がお子様ランチを注文することはできない決まりになっています。しかし、あるご夫婦が自分たちの食事とは別にお子様ランチを注文したいと願い出たのです。理由を聞くと、亡くなったお子さんの命日に我が子が好きだったディズニーランドで、お子様ランチを注文したいということでした。それを聞いたスタッフは、お子様の席まで用意して、そのご夫婦の願いを叶えたと言います。

マニュアルを超えたサービスができたとき、お客様は感動し、その出来事は語り継がれます。**本当の気遣いはマニュアルの中ではなく、自分と目の前の人の間にあるのです。**

ルールに縛られない！

34
相手が言いにくいことを察する

私の友人は保険業界では有名な、世界基準をクリアしたトップセールスパーソンの証であるＭＤＲＴを10年連続でクリアし、永久会員になりました。

彼は仕事でお客様のご自宅にお邪魔することが多いのですが、お部屋に通してもらった際、カバンの下に必ずハンカチを敷いています。

カバンは外で商談があるときは、地面に直接置くこともあります。そこで、汚れている可能性があるカバンをお客様のご自宅に直接置かないという気遣いをしているのです。

新型コロナウイルスの感染が拡大しているときには、お客様の玄関先で持参したスプレーを使っての除菌を欠かしません。彼は「お客様の立場からすると、外から来た営業マンに自分から『消毒してください』とは言いづらいと思うので、自分から行うようにしています」と言うのです。

相手が言いづらいであろうことを想像して、自ら相手の不安を払拭する行動に出るところが、さすがトップセールスパーソンだと感じました。気遣いは想像力です。

彼は、**普段からお客様の悩みを聞くことを惜しみません。**いつも、相手目線で考える想像力を鍛えているのです。だから、相手が言いにくいことを察することができるのです。
気遣いはテレパシーではなく、相手に関心を持って心の矢印をいかに相手に向けるかが重要です。

お客様も気になることがあると、それが解消されない限り、目の前の営業マンがどんなにいい提案をしても響きません。

ビジネスでは、相手を説得するときにメリットとデメリットを伝えることを「両面提示」と言います。「このサービスは料金が高いとお感じになるかもしれませんが、実は年間のランニングコストで考えるとお得です」というように、**相手が心配しているデメリットを先に伝えることで安心してもらい、信頼されます。**

メリットだけを伝える「片面提示」だと、「メリットのみを伝え交渉するため、相手からデメリットを隠しているのでは？」と疑われるリスクがあります。

相手が不安に思っていることをまず払拭することが気遣いなのです。

相手の不安を払拭する！

35 会社の看板を自分のブランドだと勘違いしない

結婚間近のAさんは、いろいろな式場に見学へ行きました。

あるレストランウエディングで人気のお店でのことです。スタッフから「他には、どんな結婚式場を見学したのか、なぜその式場にしなかったのか」を聞かれました。Aさんは、前に見た会場は素敵だったけれど、まだ1件しか見ていないので他の式場も見学していると伝えました。するとスタッフからこの式場の良さと、以前見た式場の悪口を散々聞かされたのです。結果Aさんは、ここで結婚式をあげることはありませんでした。

このスタッフは自分のお店に自信を持っていたのは間違いありません。しかし、**お客様は馬鹿にされることが嫌いです。心理学的にも人は気分がいいときに買い物をします。**自社の良さをアピールするために、他社のことをけなす人は意外と多いものです。しかし、お客様は自分が選んだものを否定されると、自分を否定されていると感じるため、交渉はうまくいきません。**お客様がいいと思っているもの、選択しているものを否定しないのが気遣いです。**

このスタッフはお店のブランド力を自分の実力と勘違いして、プライドが高くなってしまったのです。これは栄光浴と言い、自分を社会的評価の高い人や集団と関連づけて自己評価を高める心理行動です。自分に自信がない人がやりがちな行為です。

会社の看板があってはじめて信用されているということを意識しないと、お客様を馬鹿にしかねません。

私は以前、大手広告代理店の営業マンに広告の修正をお願いすると「今回、この価格で提供しているので本来修正はできません」と言うのです。しかし、明らかな誤りがあり、再度修正をお願いをしたのですが、「今回特別価格でやらさせていただいているので」と繰り返すのです。価格は私が値切ったわけではなく、営業マンが提示した価格です。私はとても嫌な気分になり、担当者を替えてもらいました。

自分の実力を測るときは、名刺から会社名を外したとき、どれぐらい契約をいただけるかを考えることが重要です。「会社の看板」＝「自分の実力」と思ってしまうと、どこか横柄な態度で相手に接してしまうものです。

栄光浴を使わない人は、謙虚になれます。偉そうにしないことも気遣いなのです。

お客様を馬鹿にしない！

36

出会う人をお客様として見ない

業績が伸びない営業マンは、会う人が全員お客様に見えます。すると、すべての人に売り込みをかけます。これは気遣いが足りません。人は、売りつけられるのが嫌いです。だから結局、商談がうまくいかず、業績が伸びないのです。

トップセールスパーソンのAさんは、お客様とのアポイントでスケジュール帳がびっしり埋まっています。そんなAさん、転職したばかりのときは、出向く客先がなく辛い思いをしました。「どうしたらお客様が自分と会ってくれるのか？」と考えたAさんは、〝とにかくお客様の役に立つことをしよう！〟と決めました。

今では、「税理士さんを紹介して欲しい……」「○○に詳しい人を紹介してくれないか？」など、仕事と関係のない相談が1日に4〜5件は入ります。

「あの人に相談すればなんとかなる！」と、お客様がよき相談相手として最初に自分の顔を思い浮かべてくれるのが、トップセールスパーソンの証です。

なんでも相談ができるような、心の垣根が低い状態でお客様と会えば、アポイントは自分から取らなくてもお客様から入る状態になります。そして、相談に乗って、お客様のお役に立っているうちに、商談がまとまり業績につながることが多いのです。

Aさんは言います。

「お客様のお役に立って、そのお客様から契約をいただかなくても、別の機会にそのお客様が違うお客様を紹介してくれることがあります。

〝僕の営業スタイルは、狩猟型営業でなく、農耕型営業です〟。今、お客様の役に立つという種をまいておくと、いつかわからないけど、その花が咲くのです」

もちろん、見返りを求めてやっているわけではありません。**心からお客様の役に立つことを考える気遣いが、お客様の潜在意識にも伝わって彼の仕事は順調なのです。**

一方、会う人全員がお客様に見えて、すぐに売り込みをかけてしまう人は狩猟型営業です。1回で成約となればいいですが、そうでない場合は、ライフルで撃ちそこなった動物と同じで、お客様は危険を感じて二度と近寄ってきません。

相手の役に立つという種まきをすることが重要なのです。

相手の役に立つという種まきをする！

37 契約を取ると言わない

経営の勉強会などに参加すると、経営コンサルの方が、「契約を取るには……」という言い方をする場合があります。もちろん、お客様の前では「ご契約いただきありがとうございます」と話すかもしれません。でも、経営の勉強会という大勢の経営者が集まる会で、「お客」と言ったり、「契約を取る」と話してしまうと、お客様を単なる金づるとしか考えていない印象を受けます。これは気遣いが足りません。

トップセールスパーソンのAさんは、「契約を取る」という言い方に違和感を覚えます。だから彼はどんなときも「ご契約をいただく」と言います。このように、普段使う言葉の中にも、気遣いは見え隠れするのです。

これは言葉遣いの問題ではありません。在り方の問題です。**心理学ではやり方（Do）よりも在り方（Be）が重要だと言われます。気遣いも在り方（Be）から生まれます。**

自分はセールスパーソンであるという在り方の人は、とにかく売るという価値観を持っています。すると、出会う人すべてがお客様に見えてしまい、全員に自分の商品・サービスを売り込んでしまいます。結果、人から敬遠されます。

一方Aさんは、いつもお客様の役に立つ存在でいたいという在り方を持っています。お客様の悩みや要望を大切にする価値観を大切にしているのです。だからこそ直接仕事につながらなくても、お客様の悩みを解決できる人を紹介したり、情報を提供したりします。

人には返報性の法則があります。親切に報いようとする心理です。

食品売り場で無料で試食させてもらい、ついその商品を買ってしまったという経験はありませんか？　これも返報性の法則です。

もちろんAさんは見返りを求めてそんな気遣いをしているわけではありません。**見返りを求めると、相手の潜在意識に伝わってしまいうまくいかないのです。**

Aさんは「売れない営業マンほどテクニックを磨こうとする。でも、お客様の役に立つことだけ考えていれば結果はあとからついてくる」と言います。

そういうお客様を大切にする在り方（Be）の人は「契約をいただく」といったように、言葉にも相手への感謝が現れるのです。気遣いは在り方（Be）から生まれるのです。

気遣いは人の役に立つという考え方で行う！

38 ギラギラ系でなく、ゆるキャラ系で

世界基準のトップセールスパーソンの友人Aさんは、自分のことを「僕、ゆるキャラだからね」とニコニコしながら言います。世界基準をクリアするくらいの売り上げを誇ると聞くと〝なんだかギラギラした怖そうな人が来るのでは?〟と警戒されがちです。しかし、彼はいつも穏やかで、ちょっと天然。まさにゆるキャラなのです。

例えば、「僕、アスファルトばっかりだと、『土はどこいったんや!』って寂しくなるから田舎が好き」と言います。

トップセールスパーソンから、都会が好きと言われるより、田舎が好きと言われた方が人は安心します。どこか隙があるからです。

実は、一流と言われる人たちは、程よい隙があります。完璧は威圧的で近寄り難いのです。

Bさんはいつもスリーピースのスーツを着てキビキビ話す、できるビジネスマン風なのですが、なぜか人から警戒されます。「あの人、苦手」とささやかれます。お客様が断っても、言葉巧みに売りつけられそうな怖さがあるからです。

四方八方をガチガチに固めて、逃げられない雰囲気が出ていると、お客様はこちらに近

づいてきません。心理学的に見ても、人は売りつけられるのが嫌いです。

一流のセールスパーソンや販売員の共通点は、お客様が断ることができる隙を作っていることです。

気遣いとは空気を作ることです。

お客様がいつでも断れる空気を作ると、安心感が生まれます。するとお客様は、商品やサービスの話をきちんと聞いてくれて、質問もしてくれます。結局、その方が売れるのです。

猫でも犬でも、ゲージに入れると急に鳴き出します。逃げられないのが怖いのです。部屋の中を自由に歩き回れるようにしておくと、落ち着いて毛繕いをはじめます。人間も同じです。

相手が断れるように隙を作れるのが、一流の気遣いなのです。

断れる空気を作る！

39 相手に恥をかかせない

相手に恥をかかせないというのも気遣いです。

一流のホテルマンは、お客様に恥をかかせない気遣いが得意です。

例えば、お客様が何かを探すようにキョロキョロされていたら、「何かお探しですか？」と声をかけ、お客様から「お手洗いはどちらですか？」と言われたら、お手洗いの場所を案内します。

はじめから「お手洗いをお探しですか？」と声をかけてしまうと、お客様が「私、そんなにトイレに行きたい雰囲気でキョロキョロしていたかしら……」と恥ずかしくなるからです。これがプロの気遣いです。

他にも、お客様が少しつまずくような場面があった場合、見て見ぬフリをするのもプロの気遣いです。

お客様が「恥ずかしいところ見られた！」と思わないようにすることがポイントです。

Aさんが有名なすき焼きの高級店に行ったときのことです。そこはお客様に対しサービススタッフがつきっきりで、お肉を食べごろで提供するお店でした。友人たち４人とすき焼きを楽しんでいたAさん。追加メニューはお肉とお野菜のセットなのですが、「野菜抜きで、肉だけちょうだい」と注文しました。するとサービススタッフが「お野菜抜きでも値段は変わりませんよ」と返事をしたのです。

それを聞いたAさんは、「俺が野菜を抜いた分の料金を値引きしろとでも言うと思ったんか？　この店、めっちゃ美味しいけど二度と行かない」と思ったそうです。

料金を値切るようなせこいお客だと思われるのは恥ずかしいものです。この発言により、お店はリピート客を失ったのです。

スタッフも言い方に配慮して、「お野菜抜きでもお値段はご一緒ですがよろしいでしょうか？」ともう少し丁寧に伝えていたら状況は違ったかもしれません。

高級店になるほど、お客様の期待値は高くなります。だから恥をかかせない気遣いが大切です。

相手が何を恥ずかしいと思うかを考えて行動する！

40

接客バリアをはる

一瞬だけでなく、普段から心地よい空気を作っておくことも気遣いです。

『店長の一流、二流、三流』（明日香出版社）の著者、岡本文宏さんは、コンビニエンスストアの経営者時代、お店の前に若者たちがたむろするので困っていました。他店は毎日お店の前に水をまいて、地べたに若者が座り込まないようにしていました。しかし、晴れた日でもお店の前が濡れていては、お客様にとっても不快です。そこで岡本さんは、**お店の接客力を上げて、お店に変な人を寄せつけない接客バリアをはる作戦をとりました。**

当時、コンビニの接客は、お客様と目も合わせない、「ありがとうございます」も言わないような接客が多かったのです。

岡本さんは、お店のスタッフにお客様の目を見て「いらっしゃいませ」「ありがとうございます」と必ず一礼して挨拶することを指導しました。

最初はお客様からも「お前らの礼なんていらんのじゃー」などと毒づかれたこともありましたが、めげずに丁寧な接客を強化し続けました。

商品を3つ以上持ったお客様にはカゴをお渡しする、高齢の人が来店されたらドアの開閉を手伝う（自動ドアがなかった時代）などの丁寧な接客を続けました。1年も経つと、自然とお店の前に座り込む人がいなくなり、気がつけば態度が横柄な客層からお店に愛着を持ってくれる客層に入れ替わっていました。丁寧な接客バリアをはることに成功したのです。

放置自転車のカゴに、一つの空き缶が放り込まれると、それが呼び水となって、そのカゴの中にゴミが集まります。反対に神社などの掃き清められた所を汚す人はいません。**潜在意識も同様に、同じものを引き寄せます。自分と違うと感じる空間では、人は居心地が悪いのです。**

だから、丁寧な接客バリアをはることで、ガラの悪い人、態度が横柄な客層をブロックし、感じのいいお客様に愛されるようになったのです。自分が放っているエネルギーと同じものを引き寄せるのが潜在意識の法則です。いい空気を作ると、その空気に合った人たちが集まってきます。居心地がいい空気作りは、即席ではできない気遣いなのです。

良い空気を作っておく！

41 不機嫌も上機嫌も伝染する

18年間、CAとして勤務したAさん。新入社員当時、上司から飛行機の安全を確認するために、**いつもと違う音、光、匂いに敏感になりなさいと教育を受けてきました。**五感を研ぎ澄ますようになってわかったのは、お客様の空気感だと言います。

雨の月曜日はサラリーマンの乗客が多く、満席の機内は不機嫌に満ちていると言います。他の乗客が自分の隣の席に座るのに前を通ると嫌な顔をする人、CAがワゴンでサービスするときに肘に少し当たっただけで「チッ」と舌打ちする人もいます。

あるとき「お前の所の飛行機が揺れたから、ズボンにお茶がこぼれた！　どうしてくれるんだ！」と一人の乗客がクレームを言いました。Aさんは思わず「お客様、飛行機は揺れるものでございます」と正直に答えてしまいました。すると、その乗客は烈火のごとく怒りだしたのです。最終的にチーフパサーが謝罪してなんとかその場は収まりましたが、機内は嫌な空気でいっぱいになりました。

それ以来Aさんは、飲み物などをこぼされたお客様の残念な気持ちに寄り添って、「これからお仕事なのに、服が汚れてしまって嫌ですよね」と話すようにしました。さらに搭乗されるお客様一人一人に「素敵なネクタイですね」などと、声をかけるようにしたのです。もちろん、話しかけて欲しくないオーラが出ているお客様はそっとしておきました。疲れた表情で搭乗するお客様へ、できる範囲での気遣いをしたのです。

反対に夏休みの沖縄行きの便など、ワクワクして旅行に向かうお客様の搭乗が多い場合はその楽しい空気を広げました。

例えば、機内でカバンなどを販売するときも、一人のお客様が「ちょっと、見せて」とそのカバンを手に取ると、後ろのお客様も覗き込むように見て、どんどん広がり、1回のフライトで50万円ぐらい売れることもありました。そんな上機嫌のお客様が多く搭乗されるとき、Aさんは機内販売のカバンを大きく上に掲げて見せたり、楽しい雰囲気を作りました。

不機嫌も上機嫌も一度広がってしまうと、あとから修正するのは至難の業《わざ》です。だから五感でその空間の空気感を捉えて、**不機嫌な空気ならそれを広げない、上機嫌ならその空気が広がるようなアプローチをしていくのが気遣いです。**

五感で空気を捉える！

42

お客様をクレーマーにしない気遣い

高級アパレルショップで多くの顧客を持つA店長。いつも返品やクレームの多いお客様のBさんを常々、『面倒くさいお客様』だと思っていました。もちろん、自分の好き嫌いや感情を顔に出さず、表面的には愛想良く接客していました。

ある日、Bさんが購入したシルクのキャミソールをお直しに出したいと来店されました。そこでA店長が勤める大阪の百貨店から東京の本社に郵送し、修理することになりました。

数日後、東京本社から修理が完了し、発送したとの連絡がきました。しかし、待てど暮らせど、商品が届かないのです。実は、配送事故で商品を紛失してしまったのです。新作商品でないため、全国どこのお店からも取り寄せできません。

A店長は『一筋縄ではいかないBさんの商品を失くすなんて……。絶対許してもらえない……。どうしよう……』と恐ろしくなりました。

A店長は悩んだ末、ファブリック専門店でシルクの生地を購入し、キャミソールを手作りしました。A店長が勤めるショップは高級路線。自社で展開する商品以外をお客様に提供することはご法度です。だから、Aさんは本社にも内緒で行ったのです。

そして、Bさんが来店される日を迎えました。商品を紛失した事実を伝えると烈火のごとく、怒りはじめました。A店長は何度もお詫びし、「決して許されないとは存じますが、せめてものお詫びに私がキャミソールをお作りいたしました」と手作りの品をBさんに手渡しました。ひどく怒られるだろうと覚悟していたのですが、罵声が飛んできません。なんとBさんはその品を気に入り、頬を赤らめて感動されているではありませんか！

Bさんは気分良くお店をあとにして、その後、返品やクレームが一切なくなったそうです。

そして、A店長は気づいたのです。Bさんは**寂しくて、構って欲しくて、真の気遣いが欲しくてクレームを繰り返していたのだと。**以来、A店長はBさんに真心のこもった気遣い・接客ができるようになりました。

心理学では、お客様があなたから商品を買うのは、潜在意識であなたと友達になりたいと思っているからだと言われています。**表面で隠しても、心で思っていることは相手に伝わります。**心から相手の存在を認めた気遣いができたとき、相手から真の信頼が寄せられるのです。

表面を取り繕うのではなく、心から相手の存在を認める！

43 お客様を知ることからはじめる

婦人服販売の接客について、次のように言われている時代がありました。

10代の接客はタメ口接客
20代は「かわいいですよ！」接客
30代は「私も持っています」接客
40代、50代は敬語でキチンと説明接客
60代はカウンセリング接客（相手の話の聞き役になる・世間話を聞く）

これはよくある接客ですが、一流の接客とは言えません。すべて販売員側の立場でしか話していないからです。**お客様がいつ、どこへ着ていくのか？　デザインの好みは？　など、お客様側の情報収集からはじめなければ、お客様の心に響く気遣いはできません。**さらに、今は通販で商品が買える時代です。お客様はデザインやサイズと価格がわかれば、店頭に行かなくても自分で買い物ができます。

面倒くさいなと感じる接客を受けるくらいなら、通販ですますという人もいます。

お客様が店頭でお買い物をするメリットはワクワクする、なんだか楽しい、得した気分など、商品を買う前よりあとの方が気分が良くなることです。

お客様は商品に詳しい人より、自分に詳しい人から買いたいのです。

この春はお子さんが小学校に入学するので、入学式に着ていくスーツが欲しい、自転車で普段動き回るためにスカートではなくパンツスタイルが好みなど、お客様が買う商品はお客様のライフスタイルと密接に結びついています。だから、何か商品やサービスをお客様に提案する際は、商品知識だけでなくお客様に関心を持ち、お客様について知る必要があります。気遣いができる人は、それを楽しんでやっている人です。

「人に歴史あり」と言われますが、どんな人でもその人しか生きられない物語を生きています。だから、**お客様との雑談の中から、お客様のライフスタイルや価値観などを理解する必要があるのです。**

心理的にも、人は自分に一番興味・関心があります。だからお客様の気を引こうとするよりも、お客様に関心を寄せる方が、よほどいい接客（好かれる気遣い）ができるのです。

商品ではなく、お客様に詳しい人になる！

44

気遣いをスカウトする

企業が中途採用を行うメリットの一つが、即戦力として経験者を採用できることです。新入社員のように研修でマナーから仕事まで手取り足取り教える必要がなく、企業も労力をかけずにすみます。気遣いもいざ教えるとなると大変です。

岐阜で人気の中華料理店のサンコックでは、求人誌や求人サイトでのアルバイトの募集を行っていません。各店の店長が、お店に来たお客様の中からアルバイトしてくれる人をスカウトするのです。サンコックの社長は、「求人誌の募集では時給を見て面接に来る人が多く、他に時給が高いお店が見つかると辞めていく。それに比べ、スカウトしたアルバイトはずっと長く働いてくれる」と言います。

ポイントはスカウトする相手です。家族で来店したのに、娘さんは携帯を見て、息子さんは漫画を見て、お父さんは新聞を読むなど、家族と食事をしているのに話していない人はスカウトしません。家族で会話が盛り上がっている人をスカウトするのです。すると入店後もスタッフと上手にコミュニケーションを取れる人が多く、揉めることが少ないと言います。

心理学的に見ても、家族とのコミュニケーションの取り方は、その人の人間関係の構築の地盤です。家族同士でもお互いに気遣ってコミュニケーションを取れる人を採用する、このスカウト方法は理にかなっています。

採用した店長側も、自分がスカウトしたアルバイトがちゃんとお店に馴染むか常に気にかけ、ケアすることで離職率が低くなるのです。さらにサンコックでは、アルバイトの誕生日にはケーキをプレゼントしたり、皆で焼き肉を食べにいったりします。そのとき、他の飲食店で金髪でネイルを施して接客する店員を見てどう思うかなどと聞くと、「あまり、気持ちのいいものではない」と答えるそうです。このように実際にお客様として他店を訪れることで、お客様目線を養っているのです。

いくら綺麗な花でも、切り落として捨て置けば枯れてしまいます。水をやる気遣いが大切です。同様に**どんなに気遣いができる人を採用しても、その気遣いが成長できるようにケアしなければいい接客は生まれません。**花を枯らさぬように、心も枯らさない環境を用意することが大切です。

人が腐らない仕組みを作る！

第4章

ちょっとした気遣い編

45 身だしなみでリスペクトする

身だしなみの語源は、身をたしなむことに由来します。身をたしなむとは相手に不快を与えないことです。おしゃれが自分目線なのに対し、身だしなみが相手目線だと言われるのはこのためです。

身だしなみを整えることは、相手に対して敬意を払う気遣いなのです。

アメリカの心理学者のアルバート・メラビアン氏が提唱したメラビアンの法則でも、人の印象を決定するものは、見た目が55％、声の大きさやトーンなどの話し方が38％、話の内容は7％と言われています。

私は婚活セミナーの講師を担当しているのですが、婚活がうまくいかない人は身だしなみに無頓着です。

例えば、夏場の婚活パーティーで、半ズボンの甚平を着て、首からタオルを下げて現れた男性がいました。普段、田舎町で家と畑の往復だけで過ごす彼に悪気はありません。涼しくて、自分が心地よい服装を選んだだけです。しかし、彼がカップルになることはありませんでした。

ところが彼は素直な方で、私がセミナーで「服はシルエットに古さが出ます。必ず、1年以内に買った服にしてください。おしゃれに自信のない人は、百貨店の店員さんにトータルコーディネートしてもらうか、ユニクロなど手頃な価格のお店で構いませんので、マネキン買いと呼ばれる、上から下までマネキンが着ている服装にしましょう」とアドバイスをすると、次のパーティーは百貨店の販売員さんにコーディネートしてもらった服で参加されました。第一印象が良くなった彼は、見事にカップルになりました。

身だしなみに無頓着な人は、気遣いに無頓着な人です。

女性はダサい服装にガッカリしているのではありません。身だしなみを整えて出迎えることさえしない、相手の敬意のなさ、気遣いのなさにガッカリしているのです。

身だしなみを整えるだけで、相手の無意識に「あなたは私にとって大切な人です」と伝え、相手をリスペクトしているのです。

身だしなみを整えて、相手に敬意を払う！

46 制服効果

「人は服装通りの人間になる」と言ったのは、フランスの英雄ナポレオン・ボナパルトです。彼は皇帝に即位したあとも大佐服を着て、自ら陣頭指揮を執る者であることを軍に示しました。

イギリスのハートフォードシャー大学でファッション心理学を研究するカレン・パイン博士は、「衣服の選択は、着る人の思考に大きな影響を与える」と言っています。

最もわかりやすいのは制服ではないでしょうか？

CAのAさんは、制服を着た瞬間にスイッチが入って、人から見られているという意識が働き、テキパキと行動し、お客様に対してもきめ細かい気配りができると言います。シャイな日本人が積極的に行動するのに、制服の力は絶大です。

社会心理学者のアダム・ガリンスキーの研究でも、医師が着る白衣を身につけたグループとそうでないグループでは、医師の白衣を身につけたグループの方が注意力が高い、という結果が出ています。

このように、**着るものによって思考や行動が変わることを「着衣の認知」と言います。**

私がデザイナーのとき、周りは金髪の人やカジュアルな服装の人ばかりでした。これは、動きやすく自由な服装の方が、クリエイティブな発想を生み出すのに適しているからです。

また、身だしなみが整っている人に比べてそうでない人は、ミスした際に相手から許してもらえない場合が多いのです。

CAがサーブするときにエプロンにシワがある人は、「畳み方が雑なのかな？」などと相手に思われて信用されないと言います。

心理実験でも社会的地位が高い人の方が、ボタンがはずれていたり、スカートの丈が短いと信頼できない、知性が低いなどといった否定的な評価をすることがわかっています。

プロの気遣いとは、**身だしなみとして相手に不快を与えず、着ることで必要な能力を十分発揮できるような服装を選択することなのです。**


能力を発揮できる服装を選ぶ！

47 外見バロメーター

TPOを考えられる人は気遣いのある人です。その場に溶け込み、周りに気を遣わせないからです。

ビジネスシーンでの好感度は「信頼感」と「好感」で決まります。

「信頼感」とは、この人は信用できる、頼れる、落ち着いている、真面目そうと相手に感じてもらえることです。

「好感」は感じがいい、人懐っこい、爽やかなどというイメージです。

持って生まれたオーラのように感じますが、実は外見でコントロールできます。

例えば、

● 髪型

信頼感：男性—オールバックなど前髪なし
　　　　女性—後ろで一つ結び。お団子ヘアなどのまとめ髪

好　感：男性—前髪あり
　　　　女性—顔の周りの髪の毛だけを結んだハーフアップ

- ●眼鏡やコンタクト　信頼感：メガネ
　　　　　　　　　　好感：コンタクト
- ●表情　信頼感：真顔
　　　　好感：笑顔

私はよく、刑事ドラマの『相棒』で説明するのですが、主人公の二人のキャラクターが信頼感と好感をはっきり分けています。

信頼感：杉下右京《すぎしたうきょう》（東大卒の警部）スリーピースのスーツ・メガネ・真顔・敬語
好感：亀山薫《かめやまかおる》（人情派刑事）スタジャン、裸眼、笑顔、フランクな話し方

事件を冷静な推理で解いていく杉下右京と、お人好しで熱血漢な亀山薫の二人の個性を服装でも表した印象管理が完璧な人気ドラマです。

もちろん、好感も信頼感も両方持ち合わせているのがベストです。しかし、両方は難しいので、あなたの仕事に合った方を強調できるように心がけてください。

気遣いのある服装とは、相手を安心させる服装でもあるのです。

好感・信頼感を抱かせる印象管理をする！

48 生理的に無理という可能性を潰す

ビジネスでも恋愛でも、相手に「生理的に無理」と思われてしまうと、その先に一歩も進めません。生理現象はお腹が空く、トイレに行きたいなど、生命維持に不可欠な部分です。人の最も深い部分の欲求は安心・安全欲求です。本能はどう生き延びるかを常に最優先にしています。

「生理的に無理」という感覚は、「この人と共に生きていくのは無理」という深い拒絶につながっています。だから、相手に生理的に不快と感じさせないことも気遣いです。

『販売の一流、二流、三流』（明日香出版社）の著者である柴田昌孝さんは、大手呉服店のトップ販売員をしていたとき、男性は一年中長袖シャツを着用し、夏でもワイシャツの袖をまくることを禁止されていたと言います。

袖口のカフスボタンを外して袖をまくることは、着崩すことなので違反です。デスク周りではOKですが、会議や客先へ出向くときなどフォーマルな場では着崩さず、きちんとした印象を保つことが必要です。

しかし、柴田さんが勤めていた会社で腕まくりを禁止したのはそれが理由ではなく〝生理的な不快をお客様に与えない〟という配慮からです。呉服店でお買い物をされるのは女性客がほとんどなので、男性の腕の毛を不快だと感じる可能性があるのです。

何をもって、不快と感じるかは人それぞれですが、注意を払えるものは普段から払っておきたいものです。

他にも、生理的に嫌われる人で圧倒的に多いのは、臭いに鈍感な人です。喫煙者は特にタバコの臭いに敏感にならなくてはいけません。吸わない人からすると、そばにいるだけで、かなり臭いのです。ランチのあとに歯を磨かない男性が多いのですが、タバコと食事の臭いが混じった口臭がキツい人は結構います。自分の放っている臭いには慣れてしまって、本人は気づかないものです。食後、歯磨きの習慣を持ちましょう。

また、女性でも香水のキツいのは考えものです。特に、レストランなどで食事をするときは、お料理よりも相手の香水がキツいと食事が美味しくいただけません。

おしゃれの基準は無臭なのです。自分だけでなく周囲の空間に配慮して、五感に関係する不快を与えない人が、気遣いができる人です。

五感の不快に注意を払う！

49 元気な声で電話に出る

気遣いのある人は、感情の浮き沈みが激しくない人です。

機嫌がいいときはいいけど、機嫌が悪いときはイライラしていて手がつけられない、落ち込んでいるときにネガティブ過ぎて話ができない、というのはいただけません。気分の浮き沈みが激しい人とは、接することが難しいものです。

つまり、**自分の機嫌を自分で取ることができる人が気遣いのある人なのです。**

嫌なことがあった日でも、元気に明るい声で電話に出る人は、相手に元気をお裾分けしています。相手があなたと話して明るい気持ちになる、元気になる、温かい気持ちになるなら、あなたは自然と気遣いができている人です。

自宅で電話を受けたのにもかかわらず、ボソボソと小さな声で話す人は、相手に「ごめん、今、外出先？」と気を遣わせてしまいます。電話をかけてくる相手は「今、忙しいかな？」と、相手の今の状況を気にしているのです。

だから、元気に電話に出てもらえると安心します。これは、相手に気を遣わせないという気遣いです。

電話は笑声で出る！

ホテルマンで講演の依頼が絶えない友人に電話すると、「藤本ちゃん？　どうした？」と、いつもとても元気に電話に出てくれます。彼は電話に出た瞬間から相手の名前を呼び、元気に話します。相談の電話でも、明るい声で、笑いを交えながら前向きになれるエピソードを話してくれるので、電話で話し終わったあと、とても元気になれます。

話はじめたときより、話し終わったときに相手が元気になっているのが気遣いです。それは話す内容も大事ですが、第一声の元気な声が大切です。

友人のボイストレーナーは企業研修でいい声で電話に出るために、デスクの電話の前に鏡を置き、笑顔で話すことを勧めています。笑顔で電話に出れば、誰でも少し高めで元気な声になるからです。彼はこれを「笑声」と呼んでいます。

いつも元気な声で電話に出るためには、このような仕組み作りと、普段から自分のステートコントロール（心の状態管理）ができることが必要です。

50

時間を守るのが気遣い

待ち合わせの時間に遅れないように、行動する人は多いものです。時間を守ることは信用を守ることだからです。では、仕事の開始時間や、会議や講演会などの終了時間に気を遣っている人は、どれくらいいるでしょうか？

私は建築業の安全大会の研修を担当しています。

危険と隣り合わせの建設現場では、些細ことが大怪我や命を落とす事態につながります。だから現場監督は、はじめに決めたお昼休みの時間帯の厳守が必要です。

昼休みを12時から13時までと決めたとします。作業員が11時50分に「あと10分で昼休みだ」と思いながら仕事をしていて、12時になっても、12時15分になっても、現場監督からお昼休みの指示がないと「あれ？　お昼休みはいつになるんだろう？」と集中力が欠けます。すると事故を起こしやすくなるのです。

建設現場の事故は指を切り落としたり、重篤な後遺症を残す怪我をしたりすることがあります。だから、一見些細なことに思われる、時間を守ることが、命を守り安全につながる気遣いなのです。

カウンセリング現場でも相談時間を守ることは重要で、開始時間に遅れないのはもちろんですが、終了時間を延長しないことも大切です。

心理学では、「時間」＝「愛情」です。幼児期は特に強く、「親が自分に割いてくれた時間」＝「愛情」と感じる子供が多いのは、ご想像いただけるのではないでしょうか？

クライアントさんの中には承認欲求（他人から認められたい）が強い人がいます。このような人は、一度カウンセリングの時間を延長すると、今度はもっと長く延長してくれないかと無意識に思ってしまうのです。

すると定刻で終了したときに、「自分に関心がないのでは？」「自分を承認してくれていないのではないか？」などと、疑心暗鬼になることがあります。だから、**余計な心理的な渇望を生まないためにも時間を守ることは大切な気遣いなのです。**

進化論で世界に衝撃を与えたチャールズ・ダーウィンも「1時間の浪費をなんとも思わない人は、人生の価値をまだ発見していない」と言っています。相手の時間を大切にすることは、相手の人生を大切にすることなのです。

設定された時間の開始も終了も守る！

51 返事がないのが返事と理解する

「便りがないのがいい便り」という慣用句は、人は平穏無事なときは連絡をしてこない、連絡がないのは元気で過ごしている証拠であり、心配する必要がないという意味です。故郷を離れた子供から連絡がこないと心配する親に、子供は元気にやっているに決まっているると声をかけるときなどに使われます。これは、親に子離れせよという戒めでもあります。直接言われたわけではないけど、空気を読み、相手が息災であると察することが重要です。

はっきり言われるまでわからないという人は、気遣いができない人です。反対に空気を読める人は、気遣いができる人です。

実は空気が読めない人は、自己中心的で一般常識に疎いところがあります。

恋愛がうまくいかない人は、異性から返事がないと「なぜ、返事をくれないの?」としつこくLINEやメールをします。返事がないのが返事なのです。

返信をしつこく催促する人ほど、「でも、会っていたときは、楽しそうに話していたのに……」と言います。会っているときに、露骨に嫌な顔ができる人はなかなかいません。

ある喫煙者の男性は、喫煙しない女性とはじめてのデートに行くときも、喫煙席に座ると言います。自分がタバコを吸いたいからです。女性に確認したとしても、初回のデートから「喫煙席は嫌です」と断れる勇気のある人は少数派です。

デート中に第一印象から相手に対する好感が減点されていくことはよくあります。

・身だしなみが整っていない
・煙草を吸わない人を喫煙席に平気で連れて行く
・会話で自分のことばかり話す

などが重なって、女性が「次のデートはないな」と思うのです。すると、今まで返ってきていたＬＩＮＥやメールの返信がこなくなります。返信をしないことで、「あなたには興味がない」ということを察して欲しいのです。

返事がないのが返事なのです。そこでしつこく返信を催促するのは無粋です。

成功哲学者ジョセフ・マーフィーも**「他人にしつこくするのは慎みましょう。あなたのエゴ・欲求を繰り返し相手に植えつけることになるからです」**と言っています。

返信をしつこく催促しない！

52 粋な計らい

気遣いができる人は、粋な計らいができる人です。

あるスナックのママは、粋なお客様というのは次の3つが揃っていると言います。「金払いがいい」「女性スタッフに触らない」「次のお客様が来たらサッと席を立つ」。

スナックではお客様のためにタクシーをお店に呼ぶことがあります。あるときママは馴染みのタクシー運転手さんを呼びました。すると乗客は「ママの知り合いの運転手だろう？メーターを倒して少し走ってよ」と、しばらく料金が発生しないように走行させました。

これではママの顔が丸潰れです。お客様だからと傍若無人に振る舞うのではなく、**サービスを提供する側のスタッフにも気持ちのいい計らいができる人が、粋なお客様です。つまり、相手の顔を立てるのも気遣いなのです。**

お店でも同じお金を払うなら、長時間いた方が得と考える人もいるかもしれませんが、気遣いができるお客様は、お店が混んできたらサッと席を立ちます。

気遣いは巡回するものです。こうして徳を積んでおくと、自分が人気のレストランに行ったとき、さっきまで満席だったのにサッと席が空いたりするものです。

相手の顔を立てる！

豊臣秀吉の松茸狩りのお話を聞いたことはありますか？

秀吉がある日突然、松茸狩りに行きたいと言いだしました。そこで家臣たちが先に山へ行ってみると、すでに松茸は採り尽くされたあとでした。どうしようかと考えた家臣たちは町中から松茸を買い戻し、山へ植えたのです。

翌日、秀吉は松茸狩りを楽しみました。そのときある女中が「これは家臣たちが植えたものです。お気づきになりませんか？」と忠言しました。すると秀吉は「わしは百姓の出身、松茸が自然に生えたものではないことは一目見てわかる。わしの急な申し出に応えてくれた家臣の苦労を思えば、植え直したな、などと野暮なことは言えぬ。この松茸は皆で分けて食べよ」と言ったのです。人たらしと言われた秀吉は家臣の気遣いに気づき、相手の顔を立てました。この話は後世にまで伝わっています。

気遣いができる人は、相手の気遣いに気づける粋な人です。粋な気遣いは噂になります。反対に「悪事千里を走る」と言いますが、悪い行いはもっと速い速度で皆に噂されるものです。

53

大阪人は気遣いのストリートファイター

関西の知人は「歴史文化を研究している人が、『関西は昔から商人の街やったから、絶対人の上に立たない文化や』って言うてた。『儲かってますか？』『ぼちぼちでんな』というのは、めっちゃ儲かってたとしても、相手より上にならないように『ぼちぼちでんな』って曖昧にしとくねんて」と話してくれたことがあります。

私がギャグだと思っていた「ぼちぼちでんな」は、実は気遣いだったのです。

さらに友人は、買ったばかりのカバンを見せながら、「なぁ、これいいやろ？　めっちゃ安かってん！」というのも、私は別にあなたより高いもの持ってないよという、関西人の気遣いだというのです。

「私は、お高くとまってませんよ」とアナウンスすることにより、相手との心の垣根を低くして、話しやすくするのが関西人の気遣いです。まるで、相手のお腹の下へ下へ入り込むようなファイトスタイルです。

最高の気遣いは相手に気づかれないことです。気を遣っていると思われないので、遠慮も生まれません。相手が自然と心地よくなる気遣いが最高なのです。

相手に気づかれない気遣いの上級者編は、笑いを取ることです。心理学でも気分がいい人が最高のパフォーマンスをすると言われています。相手から自然な笑いを引き出すことは、相手のパフォーマンスを上げていることなのです。

さらに、関西の知人は「関西人は失敗談とか話すことは、恥ずかしくないねん。気取ってると思われる方が嫌やねん」と力説します。関西人が一番言われたくない言葉は「なんか、あの人、オモんないな（面白くない）」です。どんなにカッコよくても、かわいくても、「素敵やけど、でもあの人オモロい？」と疑問符を投げかけられたらモテないのです。

自慢で笑いは取れません。失敗談を話した方が笑いは取れます。**心理学では「しくじり効果」と呼ばれ、完璧な人より隙がある人の方が好感度が高いのです。**

関西人は普段から、さりげなく自分の失敗談を話し、笑いを取ります。相手との心の垣根を低くして、コミュニケーションを取る気配りの達人なのです。商人の街・関西は気遣いのストリートファイターが生まれる町なのです。

心の垣根を低くして相手を招き入れる！

54

気遣いは武士の情け

心理学では「外側は内側に影響を与え、内側は外側に現れる」と言われます。環境は外側の代表です。格闘家の朝倉未来《あさくらみくる》選手は幼い頃から漁師町に育ち、喧嘩の絶えない環境だったと言います。後に総合格闘技のチャンピオンとなる彼を頂点まで押し上げた要因の一つは幼い頃の環境（外側）です。

内側は外側に現れます。朝倉選手は各界の一流選手から技などを学び、それを試合で冷静に繰り出します。試合が終わるとすぐに倒れている相手に駆け寄り、起こし、抱き合います。普段から冷静で、どんな人にも丁寧な敬語で話す彼の心（内側）がファイトスタイルにも出ているのです。

路上の伝説と言われる朝倉選手のエピソードとして有名なのが、50対2人の喧嘩です。本当はその場にもっと友人がいたのですが、喧嘩を前に相手の人数に恐れをなし、逃げ出してしまいました。普通だったら逃げた友人とは疎遠になりそうですが、朝倉選手は違います。今でも仲がいいのです。

何か繊細に言葉掛けをすることだけでなく、誰かを許すことも気遣いなのです。許すことは、自分の器が大きくないとできません。朝倉選手の器の大きさが相手を許し、生まれ変わるチャンスを与えているのです。

スハトマ・ガンジーは「間違いを犯す自由が含まれていないなら、自由が持つ価値はない」と言っています。ガンジーが凶弾に倒れたとき、犯人の方を見て自分の額に手を当てて亡くなりました。これはイスラム教で「あなたを許す」という意味です。

「敵に塩を送る」とは、苦境にある敵を助けるという意味です。語源は戦国最強と謳われた越後の武将上杉謙信が、武田信玄に塩を送ったことだとされています。戦国時代、今川氏真《いまがわうじざね》との関係を悪化させた信玄は塩の供給を止められてしまいました。当時塩は調味料・防腐剤として使用され、健康維持には不可欠なものでした。上杉謙信は「塩止めは不勇不義の極み。戦うのは弓矢であって、米や塩ではない」と言って、長年敵対関係であった信玄に塩を送ったのです。

「武士の情け」とは、強いものが弱いものを憐れむ意味で使われますが、強い人が大きな心で相手を許す気遣いも「武士の情け」なのです。

相手の過ちを許す！

55 気遣いを重ねる

「感謝の気持ちを伝えないのは、プレゼントを包んだのにそれを渡さないようなものだ」とアメリカの作家ウィリアム・アーサー・ウォードは言っています。お礼を伝えるのも気遣いなのです。

手土産をもらって、その場で「ありがとうございます」とお礼を伝える人は多いものです。しかし、次にお会いしたときに、「先日いただいたお菓子、とても美味しかったです。ありがとうございます」とお礼を重ねて伝える人はどれくらいいるでしょうか？　人間関係がうまくいっている人は、感謝を重ねて伝える人です。

心理学でも人の記憶に残るのは、〝繰り返し〟と〝インパクト〟だと言われています。大きなリアクションでインパクト強く、感謝を伝えることは難しいけれど、感謝を重ねて伝えること（繰り返すこと）は、比較的やりやすいはずです。

相手が話していたことを覚えておき、気にかけるのも気遣いです。例えば「最近、花粉症がひどくて……」と話す人に「大丈夫ですか？　お辛そうですね」と声をかけ、次にお会いしたときには「先日はお辛そうでしたが、花粉シーズンが過ぎて症状は良くなりましたか?」と気にかける一言を忘れずに伝えます。人は、自分自身に一番興味と関心があります。だから、自分を気にかけてくれる人は特別な存在になるのです。しかし、相手のことを気にかけるためには、基本的に他者に興味と関心がある人でなければいけません。自分のことばかりを気にしているようでは、相手の関心事に気がつくことができないからです。**感謝や気遣いを重ねていける人は、人に関心がある人なのです。**

「感謝の気持ちを表すことは、最も美しい礼儀作法である」とフランスの哲学者ジャック・マリタンは言っています。

私は柔道初段ですが、武道は「礼にはじまり、礼に終わり」ます。本来、武道は人格形成をするのが目的です。柔道家は道場に入るときは、誰もいなくても畳に向かって頭を下げます。「使わせていただきます」という感謝を表すためです。試合の前後にも必ず礼をします。対戦相手に敬意を払い、戦いの場であっても闘争本能をコントロールするためです。

普段、感謝を重ねることは、相手だけでなく自分のためでもあるのです。気遣いを重ねることで、自分自身も成長していくのです。

感謝やねぎらいは繰り返し伝える!

56 謝れる人になる

気遣いができる人は、謝ることができる人です。

優秀なホテルマンの友人は「謝ってすむなら、そんな楽なことはないから、いくらでも謝る」と言います。

人に謝ることができる人は自己肯定感が高い人です。

注意されると「そんなことは聞いていない！」と素直に謝ることができない人がいます。

誤りを認めてしまうと、自分という存在がなくなりそうで、怖くて謝れないのです。

自己肯定感の高い人は、謝っても自分の存在価値が減ることはないと知っているので、人に頭を下げることができます。

『乗務員室からみたJR英語車掌の本当にあった鉄道打ち明け話』（ユサブル）の著者、関大地さんは、車掌時代に電車の遅延などで乗客からクレームを言われることが多々ありました。しかし、彼は理不尽なお客様の怒りにも「申し訳ございません」とお詫びをしていました。

彼は空手をやっています。空手の心得は「空手に先手なし」（自分から好戦的な態度を取らないこと）です。空手の型はすべて受けからはじまっています。空手の受けの五原理の中に、「流水」というものがあります。川に流れる葉は、岩にぶつかりません。川の水が岩をよけて葉を流すからです。この流れる水のごとく、相手の攻撃に決して逆らわず、相手の力を違う方向に流すのが「流水」の受け方です。

彼は、理不尽に怒られると、「流水」を思って受け流していました。誰かと揉めたり、嫌な気持ちを引きずることに時間を使うのはもったいないからです。

謝ることができる人が結局、相手から与えられるダメージが一番少なく、嫌な気持ちを引きずりません。そして気分のいい人が、人に親切にできます。

ジョセフ・マーフィーも「さっさと謝れることは、仕事の成功に不可欠な立派な能力である」と言っています。

謝れない人は一見強そうですが、弱い人です。謝ることができる人は、強くて気遣いができる人のなのです。

謝ってすむなら楽なものと考える！

57 主語を「私」から「私たち」にする

究極の気遣いとは、自分と他者の境界線が曖昧になることです。

では、実際に自分ファーストではなく、誰かを自分と同じように考えるためにはどうしたらいいのでしょう?

言葉は繰り返しているうちに思考になります。思考はやがて行動になり、その人の生き方になります。

実は日本語は英語に比べると、個人よりも全体性を表現することが多いのです。

英語と日本語で比べてみましょう。

(I see) vivid colors of the autumn leaves.
(I see) bright flush of the white winter snow.
(And I say to myself) beauties of the nature in every season are really marvelous.
(私には見える) 秋の紅葉の色鮮やかさ
(私には見える) 冬の眩しいほどの白い雪
(私は呟く) 四季それぞれの自然の美は本当に素晴らしい

（　）内の言葉は、英語では必要ですが、日本語では省くことができます。

英語は明確な主語がない場合でも仮主語という主語を立てて表現するほど、「私」を主張します。個性を大切にしている文化が育んだ言語です。

一方、日本語は「私」という主張が少なく、他者との境界が曖昧です。

日本文学の名作、川端康成の『雪国』の冒頭は〝トンネルを抜けるとそこは雪国だった〟と主語がありません。見ているのは「私」であり、「あなた」だからです。**境界線が曖昧で個ではなく、全体性を大切にしている文化が育んだのが日本語です。**

自分と相手の境界を曖昧にして、相手と自分は一つの存在であるかのように感じることが、相手を大切にすることにつながります。

「私」と話すより、「私たち」と話す方が一体感があります。

演説の名手と言われた第44代アメリカ大統領オバマ氏はスピーチで「Yes We Can（私たちはできる）」で人々を魅了しました。まずは一体感のある言葉を使い、相手の気持ちを理解することが気遣いのはじまりです。

一体感がある言葉を使って話す！

58 誰も見ていないときに何をやっているか

潜在意識の世界では、相手が見ていないときにやっている行為が相手に伝わります。あなたは、携帯電話の電話帳機能の登録名をどのように登録していますか？

気遣いができる人は、携帯の登録名を必ず「山田太郎さん」と敬称をつけます。自分の携帯の画面を電話の相手が見ることはありません。でも、**誰もが見ていない所でも相手に敬意を払うことができるかどうかが本当の気遣いです。**

例えば、電話を切ったあと、「チッ、面倒くさいな……」などと呟いたとしたら、相手に聞こえていなくても、相手の潜在意識にはしっかり届いています。潜在意識はガラス張りなのです。

自分のFacebook記事にコメントを残してくれた相手に返信しようとすると、相手の名前だけが「山田太郎」と表示されます。だからといって、そのまま「山田太郎　コメントありがとう！」と呼び捨てのまま返信を返すのでは、少し気遣いが足りません。

名前はその人にとって一番馴染み深いものであり、自分を表す大切なものです。名簿で人の名前は探せなくても、自分の名前はすぐ見つけることができます。**人は自分に一番関**

心があるのです。

「山田太郎さん、コメントありがとうございます」と敬称をつけることで、相手に敬意を払っていることがわかります。普段から相手を大切に思う気持ちがあれば、敬称をつけないことに違和感を持つはずです。たくさんのコメントに返信するときは、すべての人に敬称をつけるのは、少し手間がかかります。しかし、少しの手間を惜しまないことが気遣いです。

最近は個人情報保護の関係で少なくなりましたが、企業で営業担当別に訪問先の企業名を書いている所もあります。ホワイトボードの書き方で、その企業の取引先様への姿勢がわかります。トップセールスばかり集まる企業では、訪問先名を例えば「13時　山田商事様」と必ず訪問先名に「様」をつけています。もちろん、社内のボードが取引先の担当者様の目に留まることはありません。しかし、潜在意識はガラス張りなのです。

相手が見ていないときでも、やっていること、思っていることが相手に伝わります。

相手がいないところでも大切にする！

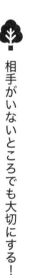

59 気遣いのアクセルとブレーキ

あなたの気遣いにブレーキとアクセルはありますか？

気遣いは、いつでもするというアクセルだけではダメです。相手が求めていないとき、やらないというブレーキも必要です。

心理学では、感情を選べないことは不自由だと考えます。誰かがミスをしたとき、いつも烈火のごとく怒る人は、怒りの感情しか選べない不自由な人です。**怒ることもできるが、冷静に諭すこともできる、選べることが自由なのです。**

怒ることも冷静に話すこともできるがここは怒る、と感情を選べるのと、怒りの感情しか選べないのは全く違います。

食堂で夏でも冬でも、ざるそばしか頼めないのは不自由ですよね？　夏はざるそば、冬はかけそばなど、体調や気分によってランチを選びたいものです。気遣いも同じです。

友人の看護師は新人時代、ベッドで寝ている状態が長くてお風呂に入れない患者さんに、足だけを洗う足浴という入浴方法を勧めていました。足を清潔にするだけでなく、足先から全身の血行が良くなって安眠快眠効果も得られるからです。

しかし、体調が悪かったり、足を洗ってもらうのは恥ずかしいと感じる患者さんがいることがだんだんわかってきました。そこで、声のかけ方を工夫し出したのです。患者様に「足洗いましょうか?」と言ったときに「うーん」と返事がきたら、「今日じゃなくても、明日でも好きな日でいいので言ってくださいね」と声をかけます。すると「じゃぁ、明日がいいな」と患者様がリクエストしてくれるようになったと言います。

彼女はとても元気でエネルギーが高く、他の看護師ができないことも、率先して行動するタイプです。だからこそ余計なお世話を焼いてしまう危険があると自覚したのです。

患者さんは、実は看護師に気を遣っています。病院は患者さんの生活の場です。だから余計なことを言って看護師に嫌われたくないと思ってしまうのです。看護師は自分がしたいことだけをするアクセルだけでなく、自分の想いは抑えて、患者さんの要望に応えるブレーキも必要なのです。アクセルとブレーキをコントロールしながら、本音を言える環境を作り出していくことが気遣いなのです。

余計なお世話を焼かない!

60 食医に学ぶ気遣い

良い人間関係を作るためには、相手が自分の心の地雷を踏まないようにするのも気遣いです。

以前、婚約者がおそばを音を立ててすすったのが嫌で婚約を破棄したという人がいました。でも、音を立てて食べる行為が嫌なら、事前にそれを相手に伝えておく必要があります。

例えばおそば屋さんへ向かうまでに、「私、おそばを音立てて食べる人が苦手なの。おそばは音を立てて食べるのが粋という人もいるけど、私はそれをされると百年の恋も冷めちゃう」と伝えておくのです。日本人は空気を読むので、事前にこんな話を聞いたら、普段はおそばを音を立ててすする人でも配慮して静かに食べてくれます。

このように**自分の意見を言うときは、Iメッセージと言われる「私を主語にした話し方」がオススメです。**反対にYOUメッセージと言われる「相手を主語にした話し方」は避けた方が無難です。これはアメリカの心理学者トマス・ゴードン博士が提唱したコミュニケーション法です。

例えば同じことでも、Iメッセージの場合「私はそんなふうに言われると傷つきます」

と本人が感じていることをただ伝えていますが、YOUメッセージにすると「そんなこと言うなんて、あなたはひどい人！」と、相手を批判しているように聞こえます。

前もって誰かに協力をお願いすることを「予防のIメッセージ」と言います。おそばを食べる前に、「私は音を立てて食べる行為が苦手」と予防のIメッセージを雑談の中にさりげなく混ぜておくことで、無駄に誰かに幻滅することがなくなります。上司が部下に電話に出るのが遅いと叱る前に、「電話は3コール以内に出ること。できない場合は（私は）注意します」と事前に予防のメッセージを伝えることで、ムダな叱責を避けることができます。

　中国では昔、「食医」という官職がありました。王様の食事を通して健康を管理する仕事です。食医は薬を用いて病を治す「疾医」や、メスを使って治療する「瘍医」よりも地位の高い官職とされていました。

　予防は健康でも、コミュニケーションでも価値が高いのです。相手が自分の地雷を踏まないように予防できる人が気遣いのある人です。

Iメッセージで地雷プッシュの予防措置をする！

第 5 章

気遣いの心得編

61

気遣いは出し惜しみ厳禁

あなたは相手が素敵な服を着ていたら、「素敵ですね」「お似合いですね」と褒めることができますか？

もし、できないとしたらなぜでしょうか？

お世辞だと思われるからという理由で褒めない人もいるかもしれません。

では、子供が兄弟の面倒をみていたら、「えらいね〜」と褒めることができますか？

調子に乗るからと褒めないという人もいるでしょう。

このように褒めることを躊躇する人は、ケチな人が嫌われるように、好かれることはありません。精神分析の父、ジークムント・フロイトも「愛情をケチってはいけない。元手は使うことによって取り戻せるものだ」と言っています。

気遣いができる人は、褒め上手です。素直に思ったことを言えます。別に、相手に媚びへつらってお世辞を言うのではなく、本当にいいなと思ったことを素直に伝えるだけです。

3Sと呼ばれる「すごい・素晴らしい・さすが」の承認が入っている相槌を口先だけではなく、心を込めて伝えることが、良好なコミュニケーションには効果があるのです。

心理学者の伊東明先生は著書『男は3語であやつれる』（PHP研究所）で、女性が男性からモテるための秘訣として、著書で次のように紹介しておられました。

「犬にはお手、外国人にはハロー、男にはすごい」

男性は褒められて伸びるからだそうです。

しかしこれも、本当に思っていなければ効果はありません。**潜在意識はガラス張りです。自分の本心というのは、深い部分で相手に伝わってしまうものです。**

「与える愛情を持っていても、それを他人に与えるな」ではなく、「与える愛情があれば、惜しみなく与える」と考え、相手に承認（褒める・労う・認める）を与えられる人が、気遣いができる人です。

褒め言葉をケチらない！

62
褒め言葉はおかわり自由

気遣いはエネルギーです。エネルギーはお金の性質に似ています。お財布にお金が入っていなければ、誰かに奢ることはできません。**気遣いも同様に心のお財布にエネルギーがなければ、相手を気遣うことはできません。**

人は承認してもらうと、心のお財布にポジティブなエネルギーが溜まります。すると、それを他の人に分けてあげることができます。つまり、自分の心のお財布がなく、ネガティブなエネルギーだらけでは、相手に承認（褒める・労う・認める）を与えることができないのです。

日本人は謙虚を美徳とし、人に褒めてもらうなんて、厚かましいと思いがちです。そこで私は研修で、「ねぇ、ねぇ、ちょっと聞いてよワーク」を参加者にやってもらいます。自分に起こった、ちょっといいこと、褒めて欲しいことをポップに相手に伝えるワークです。

例えば、「ねぇ、ねぇ、ちょっと聞いてよ！　この前、懸賞でパソコンが当たったの。強運じゃない？」と明るく、テンション高めに話します。すると、相手も「すごい、強運じゃん！　いいな〜」と褒めてくれます。

ポイントは真顔で真剣に言うのではなく、テンション高めにノリノリで伝えることです。真顔で真剣に言ってしまうとただの自慢ですが、テンション高めに伝えるとギャグのような楽しい雰囲気が出て、相手も褒めやすくなります。

気遣いができる人は、他者に褒め言葉をリクエストするのが上手です。

お笑い芸人の飯尾和樹さんのことを千原ジュニアさんが「究極におもろい人は、すべてもおもろい人。捨てるところがない。それは日本に数人しかいない。そのど真ん中にいるのが飯尾さん」と褒めたことがあります。すると飯尾さんは、満面の笑みを浮かべ、カメラに向かって、「今の、スーパースローでもう1回お願いします！」とリクエストして爆笑をさらっていました。このように褒め言葉はおかわり自由なのです。

「褒めて欲しいときでも我慢しろ」ではなく、「褒めて欲しいときはリクエストＯＫ」と自分に許可を出すのが大切です。**自分を承認してもらえた方が自己肯定感がアップし、他者を承認できるようになるからです。**

承認をリクエストできる人が、気遣いができる人なのです。

褒め言葉はおかわりする！

63 褒め言葉は受理する

ビジネスがうまくいって成功を称えられたときに「運が良かっただけです」と答えたり、スポーツでいい成績を残して周りの人から「大活躍ですね」と言われたときに「まぐれです」と言ってしまう人がいます。これは、遠慮・謙虚が美徳とされる日本に多い受け答えです。

講師のAさんは、受講生からのアンケートでいい評価のものは受講生がお世辞で書いたもので、悪い評価のものは真実だと受け止めて落ち込みます。自分の行動を常に過小評価し、卑下するのです。すると心のお財布はネガティブなエネルギーだけになります。ネガティブなエネルギーばかり集めると、自分の気分も悪く、人の言葉に対してもセンシティブになりがちです。それでは、優しく相手を気遣う余裕が生まれません。

Aさんの元には、実はポジティブなエネルギーも届けられています。しかし、自分の意識にフィルターをかけて、受け取らないようにブロックしているのです。

自分の好みでない関わりがくると無視したり軽んじたりすることを、交流分析ではストロークフィルター（色メガネ）と言います。

この**色メガネがかかると、ポジティブなエネルギーもすべてネガティブに変化します。**そして**受け止め方が悪いと本人もストレスになり、人間関係にもトラブルを招きやすくなるのです。**

例えば、

上司「君は仕事が速いね」

部下「速さだけで、内容がないってことですか？」

という会話も、部下が上司の言葉を悪く受け取る色メガネをかけていたことが原因です。

上司「君は仕事が速いね」

部下「ありがとうございます！」

と素直に受け止めていけると仕事も円滑に進みます。

「褒められたら謙遜すべき」ではなく、「褒め言葉は受理する」と考えて素直に受け取る人が心のお財布にポジティブなエネルギーを溜め、人に分けてあげられるのです。気遣い上手は受け取り上手なのです。

褒め言葉を素直に受け取る！

64 自分に飴を与える

自分を甘やかすことを許さない、自分に厳しい人は、勉強して資格を取得したり、ビジネスで大きな功績を上げたりしても、「これぐらいやっている人は他にもたくさんいる。自分はまだまだ」と言って、さらに高いハードルを自分に課してがんばり続けてしまいます。

自分に厳しい人は、理想が高い完璧主義な人でもあるので、「〜ねばならない」「〜すべき」といった自分なりのルールや高いハードルを持っているため、自分を褒めることができません。常に自分に飴を与えず、鞭ばかり与えているのと同じです。

これでは、自分の心のお財布に自己承認の経験が溜まりません。だから自分の精神的なエネルギーもチャージできないのです。

ガソリンがないと自動車が動かないように、自己承認の経験から生まれるポジティブなエネルギーの残量と気力はリンクしています。極限までポジティブなエネルギーが不足すると、人は鬱症状になります。

私の拙書『なぜか好かれる人がやっている100の習慣』（明日香出版社）でもご紹介したのですが、自画自賛のセルフトークができる人は、自分にポジティブなエネルギーを与えるのが上手です。

高いパフォーマンスを発揮できる人は、仕事で書類が完成したら「さすが、俺、天才じゃん！」と、ちょっとしたことでも自画自賛のセルフトークで自分を褒めます。だからポジティブなエネルギーが心のお財布に溜まるのです。すると、他の人の行為にも承認（褒める・労う・認める）の言葉がすぐに出てくるようになり、人間関係も円滑になります。

自分に厳しく、自分を甘やかさない人は「こうあるべき」という自分のルールに囚われ、他者にも厳しくなりがちです。

「自分を甘やかすな」ではなく、「頑張った自分を絶賛する」と考えた方がエネルギーがチャージされ、人にも気遣いができる余裕が生まれます。

鞭ばかりでなく、自分に飴を与えることができる人が、結局相手にも優しさを与えることができるのです。

自分を褒めてエネルギーチャージする！

65 飢餓状態にしない

交流分析の父、エリック・バーンは「人の精神衛生を維持するには絶え間ない感覚刺激（ストローク）が必要だ」と言いました。私たちは、ポジティブな刺激を求めて生きています。会社で、笑顔で、「お疲れ様です」と挨拶をし、相手からも同じように挨拶が返ってきたら、ポジティブな刺激をもらったことになります。

では、ポジティブな刺激がもらえないと人はどうなるのでしょうか？

私の心理学の師匠はクレームを量産するダメ社員から、全社員の売り上げを合わせても彼一人に敵わないというダントツトップの成績を残す社員に変身した方です。

彼はダメ社員時代、同僚からダスティン・ホフマンの代表作映画『クレイマー・クレイマー』にちなんで「ホフマン」とあだ名をつけられました。クレームを量産するので、完全に馬鹿にされていたのです。

彼は誰よりも早く出勤し、誰よりも遅く退社していましたが、会社で「お疲れ様です」と挨拶をしても、全員から無視されていました。するとどんなことが起こったと思いますか？　彼はさらに大きなクレームを作り、社長からゲンコツで殴られたのです。

交流分析では人は無視されると、ストローク飢餓（刺激飢餓）におちいると言われています。

例えば、親子で買い物をしているとき、母親が知り合いと立ち話をはじめたとします。そのとき子供は関心が寄せられず、ストローク飢餓状態になって退屈しはじめます。すると、子供は母親のスカートを引っ張ったり、悪戯《いたずら》をして、最後は叱られます。

ストローク飢餓が続くと、無意識的にネガティブな関わりでもいい（叱られてもいい）から関心を引きたいと思うのが人の心理なのです。私の師匠のダメ社員時代も同様です。叱られるより無視される方が辛いのです。

マザー・テレサも**「愛の反対は、憎しみではなく無関心です」**と言いました。

気遣いができる人は、相手を無視しない人です。

無視は事態を悪化させると心得る！

66
くれくれ族にはならない

人は愛情を求めて生きています。幼い頃に承認欲求を満たしきれていない人は、大人になっても、自分を見て欲しいという欲求に取り憑かれ、相手から過剰に愛情を欲します。

自分が愛情を欲してばかりでは、他者を気遣うことはできません。

世界的に有名な女優マリリン・モンローは幼い頃、親戚の家をたらい回しにされます。彼女はその生活の中で〝愛とはいつか失うものだ〟と無意識に学んだのかもしれません。その後、彼女は結婚と離婚を繰り返します。愛されても、すぐにそれを失うような行動を自ら取ってしまうのです。

そして、彼女は晩年、映画の撮影なども酒に酔い、遅刻してくることが多かったと言います。遅刻しても、撮影スタッフが自分のために待っていて、いろいろとケアしてくれることを無意識に求めてしまったのです。

これは過剰に承認を求める「くれくれ族」の症状で、彼女は悪評がたっても、無視されるよりいいと考えていました。ストローク飢餓（65項参照）の状態の考え方です。ポジティブな刺激が手に入らなければ、ネガティブな刺激でもいいから手に入れたいという心理です。

幼い頃に人生とはこういうものだと決めてしまうことを交流分析では「人生脚本」と言います。人は気づかないうちに、その脚本通りの人生を生きてしまうと言われています。

マリリン・モンローも人生脚本の中で〝愛とはいつか失うものだ〟という価値観を無意識に信じてしまい、多くの人に愛されながら、結局は自分から嫌われるような行動を取ってしまう生き方をしました。

人は誰しも愛情を求めて生きています。しかし、承認欲求が強すぎたり、否定的な人生脚本（敗者の脚本）を持っていると心理ゲームをします。

心理ゲームとは交流分析の定義で、最終的に嫌な気持ちで終わるのに繰り返してしまう人間関係の癖のことです。

他者から必要以上に愛情を貰おうとしたり、トラブルを起こさないためにも、**自分の人生脚本を肯定的に書き換えていくことが大切です。**

「人生とは○○だ。愛とは○○だ」の○○に肯定的な言葉を入れる！

67

過剰な気遣いは命取り

自分を殺して相手に合わせている人はストレスが多く、気遣いが長続きしません。自分を大切にするより、相手に評価されることを第一優先にしていると、疲弊してしまいます。

私の己書《おのれしょ》の先生である則武健太郎さんは、自分でも知らない間に両親や教師の期待に応えていたと言います。

小学1年生の頃に学校で行われた予防接種では、担任の先生から「けんちゃんが一番に注射を打つからね。一番はじめの子が泣くと、他の子たちがみんな泣いちゃうから泣かないようにね」と言われました。

子供にとって注射は怖いものです。でも、その恐怖心を抑えて、先生の期待に応えて泣かなかったのです。このとき、自分では無理をしている自覚はありませんでした。

大人になっても、家族に頼りになる長男として期待され、いつも笑顔で、元気で、いい子を演じ続けた結果、パニック障害になってしまいました。

人を喜ばせるために自分を偽ると、自分を苦しめます。

則武さんはこの病を経て、はじめて自分を大切にすることに気づいたと言います。その後カウンセリングなどを学び、多くの人に〝ありのままのあなたで大丈夫〟というメッセージを伝え続けています。

誰かの期待に応えると、褒められたり認められたりする承認（刺激・触れ合い）がもらえます。両親からの承認が欲しい子供は、親から言われ続けた言葉通りにしていれば、自分を認めてくれると信じてしまいます。

交流分析では、期待に過剰に応えようとすることをドライバーと言います。

・完璧であれ
・一生懸命やれ
・他人を喜ばせろ
・急げ
・強くあれ

この5つの期待に過剰に応えようとすれば、心が壊れてしまうことは必然です。

人の期待に過剰に応えるのをやめる！

68 完璧を目指さない

「完璧であれ」に駆り立てられると、人はどうなるのでしょうか？

潜在意識の法則では、ゴールよりもスタートが大切です。朝顔の種をまくと朝顔の花が咲きます。朝顔の種をまいたのにひまわりが咲くことはありません。

人が行動するときも、「完璧でなければ人から認められない」「完璧でなければ愛されない」と不安からスタートすると、結果も完璧であるのに認められないなど、不安が実現します。

いつもゴールよりスタートが大切なのです。怖れではなく、愛からはじまる動機なら、愛の花が咲きます。

私は中田敦彦さんのYouTube大学が好きなのですが、YouTube大学のコンセプトは「学ぶって楽しい」です。昔から勉強が好きだった中田さんが本当に「学ぶことは楽しいよ」という幸せな気持ちでスタートしたからこそ、教育系YouTubeとして高い人気を博したのだと感じています。

KOダイナマイトの異名を持つボクサー、元WBA世界スーパーフェザー級王者内山高志さんは、ボクサーが相手を倒すために力んで打ったパンチは効かないと言います。脱力して相手に見えないような速さで打ったパンチでKOできるのです。同様に「完璧でなければ」とガチガチに力んで、怖れから繰り出す行動はうまくいきません。

人は弱みで愛されます。不完全なのが人間です。心理実験でも証明されていますが、完璧は威圧的で近寄り難いのです。程よい隙がある人の方が一緒にいて心地よいのです。我が家の猫は足が短いのですが、その〝足りなさ〟が可愛いのです。

世界的な大衆のマドンナであるマリリン・モンローは「不完全は美しく・狂気は天才」と語り、彼女自身、数多くのスキャンダルにまみれ、不完全さで愛された女優でした。

心理学者アルフレッド・アドラーも「できない自分を責めている限り永遠に幸せになれない。今の自分を認める勇気を持つものだけが、強い人間になれる」と言っています。

不完全な自分を受け入れることで余裕が生まれ、自然な気遣いができるのです。

脱力して、ありのままでいく！

69

一生懸命は危険

一生懸命取り組むことはいいことです。しかし、「一生懸命やれ」に駆り立てられている人は、何をやっても楽しむことができません。過剰にがんばってしまうからです。

仕事を休んでゆっくりしていると罪悪感を抱きます。ワーカーホリックになりやすいので注意が必要です。家族サービスしようと旅行に出かけてもがんばりすぎると義務になり、苦痛になります。すると、家族関係もギクシャクします。

人は、自分に余裕がないと相手を気遣えません。

職場でも「一生懸命やれ」のドライバーを持っている人は仕事ができても、他者に厳しくなりがちです。仕事中に笑っている人を見ると「不真面目だ」と感じ、苛立つ場合さえあります。

そして、「完全であれ」と「一生懸命やれ」のドライバーをダブルで持っている人もいます。

私がコーチングしていたテニスの選手は、真面目であるがゆえに「完全であれ」と「一生懸命やれ」のドライバーに強く駆り立てられていました。好調なときはいいのですが、スランプになると自分を強く責め、試合で緊張していいパフォーマンスが出せなくなっていたのです。

心理学では、能力は心の状態に比例すると考えます。どんなに才能がある人でも緊張していては、最高のパフォーマンスを発揮することはできません。ペアで試合をするときは、自分に余裕がないと、パートナーがミスしたときに「ドンマイ！」と声をかけることができません。すると試合のムードがどんどん悪くなり、勝つことができなくなります。相手を気遣える余裕を生むことで、勝利に近づくのです。

自分が持つドライバーに気づき、**過剰に駆り立てられる衝動を緩め、リラックスすることが大切です。**そこに余裕が生まれ、他者を気遣えるエネルギーが生まれます。古代ローマの詩人オウィディウスは、「休息する時間がなければ継続できない」と言っています。

ギターも張りっぱなしの弦はすぐに切れます。使わないときは、緩めておく方が長持ちします。最初は勇気がいるかもしれませんが、**人にもがんばらない時間が必要なのです。**がんばらないことで、他者を気遣うためのエネルギーを充電するのです。

がんばらない日を作る！

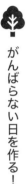

70 ムリして人を喜ばせない

「親孝行しなさい」「人に親切にしなさい」と言われつづけ、「他人を喜ばせろ」ドライバーを持つようになった人は、自分を犠牲にして人に尽くすようになります。

Aさんは「私には友達がいない」と言います。でも、普段会っている人はたくさんいます。会う人はたくさんいるのに友達がいないのです。

女性はよく「着る服がない」と言います。でも、クローゼットの中には大量の服があります。着たいと思う洋服がないだけです。これは、クローゼットの中には（着たくない）洋服があるのに、（着たい）洋服がない状態です。

会う人がいるのに友達がいないと思うのは、洋服が大量にあるのに着る服がないというのと同じです。多くの人と会っていても、真の親密さをもって話すことができなければ満足感を得られず、心は空っぽのままです。気が合わない人と時間を過ごすと精神的に消耗し、虚しくなるだけです。それなら、一人の時間を楽しむ方が気力は充実します。

Aさんは寂しがり屋で、時間が空けば人に会いに行きます。でも、自分が欲しい承認がいつももらえるわけではありません。つまり時間は埋めることができても、心の隙間を埋めることができないのです。だから、**一人の時間を楽しむことが必要です。他人の期待に応え、他人を必要以上に喜ばせる必要はありません。**

無理して人を喜ばせることばかりに囚われていると、自分が楽しめません。外側に意識が向いて自分を大切にできず、顧みることもなければ、心は空っぽになります。

これは心が空き家状態です。人が住まなくなると家はすぐに荒れます。空き家が放置されると、建物の老朽化による倒壊や不法侵入、不法投棄などのトラブルが起きます。

他人の顔色をうかがうことに忙しいと、心の中の自分は留守がちです。誰にも気を遣わず自分の気力を充実させる時間もなければ、心は疲弊していきます。心が疲れていては、良好な人間関係を構築できません。心の中が荒れると、自分を取り巻く人間関係も悪化するのです。

まずは、**自分を大切にすればいいのです。あなたの心を空き家にしないことが、あなたのためでもあり、周りの人のためでもあります。**自分を気遣うことが、気遣いのはじめの一歩なのです。

心を空き家にしない！

71

急がば回れ

交流分析の「急げ」のドライバーは、私が最も駆り立てられるものでもあります。

幼い頃、「早く、早く」と言われて育った人も多いのではないでしょうか？

私も母から「何をやらせてものんびりして遅い。早くしなさい」とよく言われました。

小学4年生のとき、雑巾を縫う宿題が出ました。家に足踏みミシンがあったので、ミシン工場で働いていた経験がある母に教えてもらおうとしました。しかし、少し強く足を踏んだだけで糸が切れてしまい、うまく縫えません。すると母はイライラしながら「何やってるの？　鈍臭いね。こうやるの」と言って、ほぼ雑巾を縫いあげてしまいました。私はこのときの焦らされて、怒られた経験から、ミシンが大嫌いになりました。今でも、何を縫うのも手縫いです。

幼い頃に「早くしなさい」と躾《しつ》けられると、なんでも早くやろうとします。**「急げ」のドライバーを持っている人は充分吟味することができず、ゆっくり落ち着いて考えて取り組むことができません。**

私も長年、「自分はノロマだから、早くしなきゃ」と思って何事にも取り組んできました。

そして、急がなければならない状態になるとイライラして、相手を気遣えないこともありました。しかし、デザイナー時代に同僚から言われた一言で世界が一変したのです。

私「私、遅いから、早くやるようにしてる」

同僚「え！　藤もっちゃん、何やらせて早いよ。歩くのも食べるのもキーボード打つのも」

「私の行動が早い？」にわかには信じ難いことでした。後に心理学を勉強してわかったのですが、私のセルフイメージが幼い頃から更新されていなかったのです。

アメリカの臨床心理学者アルバート・エリスが提唱した論理療法では、「不合理な信念（イラショナルビリーフ）」を「合理的な信念（ラショナルビリーフ）」に変えていく必要があるとされています。イラショナルビリーフは、①目標達成を妨げる、②事実に基づかない、③論理的ではない、④柔軟性のないという考えです。

急ぐことは悪いことではないですが、いつも急がなくていいのです。歩くことは役に立ちますが、座っているときまで足を動かす必要はありません。同様にいつも急ぐ必要はないのです。**急いでいては、人を気遣うことが難しくなります。**

物事はゆっくり、じっくりやる！

72 弱さは気遣いの材料になる

交流分析の「強くあれ」のドライバーはどうでしょうか？

「男の子は泣かないの」と弱音を吐くことを禁止されて育つと、感情を表に出すことができなくなります。弱みを見せられないため、無理をします。これを繰り返していると、自分の感情を認識することさえ難しくなります。

カウンセリングで、「どんなお気持ちですか？」と聞いても、自分の気持ちがわからない人もいます。

弱みを見せられない人は他人に厳しくなります。だから弱さは、相手を思いやるための気遣いの材料になるのです。 精神分析学者ジークムント・フロイトも **「あなたの強さは、あなたの弱さから生まれる」** と言っています。

幼い頃、友達と喧嘩して泣いて家に帰ってきたとき、両親にどんなことを言われましたか？

「泣くな！　やられたらやり返してこい！」と怒られた子供は、泣くことはダメ、怒ることならＯＫと学びます。親は弱さは許さないけど、怒って強くあることは許してくれるという不合理な信念（イラショナルビリーフ）を信じ込んでしまうのです。すると大人になってからも、何かあれば瞬間湯沸かし器のようにキレて、喧嘩ばかりする人になります。

ちなみに友達と喧嘩して泣いて帰ってきたときに両親から「どうせ、お前が悪いんだろ！」と責められた人は、何かトラブルがあったときは自分が悪く、謝った方が丸く収まると学びます。すると自己主張せず、自分を押し殺して相手の顔色を見るようになります。

どんな環境に身を置くかで信念が変わります。信念は考えや行動に影響を与え、それが人間関係にも影響を与えます。

弱さは恥ずかしいことと考えて意地をはり、誰にも頼れないのは、誰も信用していないということです。ときには信用した相手に甘えてみてはどうでしょう？

甘えられ、頼りにされ、誰かの役に立ちたいのが人間です。**相手に甘えられる人は、他者の甘えを受け入れることができます。**すると多くの人を気遣えるようになります。

人に甘えてみる！

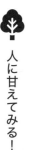

73

情報ではなく人望を集める

カウンセラー仲間が、過剰に情報を集めようとする人は危険だと話してくれたことがあります。情報を手にすることによって周りの人をコントロールしようとするからです。

会社で部署異動や転勤があるのは、一人に情報や権力を集中させないためです。金融機関の支店長などは、2〜3年に1回は配属先が替わるのも、癒着や汚職を防ぐためです。

ある企業のAさんは、社内でも地獄耳で有名です。自分の関係ない部署でも、誰かが話していると遠くからでもその会話を聞いています。社内に起こるすべての情報を把握しないと心配なのです。

実はAさんは人と目を合わすことが苦手で、他者からはとても無愛想に感じます。だから、社内で積極的に話しかけてくる人はいません。このような状態だと、Aさん自身無意識にストローク飢餓（65項参照）になります。

そこで、Aさんは人と関わるためにたくさんの情報を握り、他の社員がAさんに仕事上のことを聞かざるを得ない状況を無意識に作っているのです。相手が関わってくるときに自分に関心が向けられるからです。情報をたくさん握ることで、他者への影響力を保持しようとしているのです。

しかし、**本当は情報ではなく、人望を集めることが重要です。いつも相手に微笑みかけ、助け、いたわるなら、情報を持っていなくても人が集まってきます。**それが気遣いであり、気遣いのある人は人望を集めます。

短期間で出世したBさん。上司からの誘いは基本的に断らないと言います。

Bさんは「仕事以外の飲み会の席で、上司から普段は教えてもらえないような仕事の話を聞けたり、勉強になる」と言います。普段から職場の人とコミュニケーションを取り、相手の誕生日は必ず覚えておいて、「おめでとう」と言うことを忘れません。

そんな気遣いができるBさんは、「自分は、学歴も資格も能力も何にもないけど、出世できたのは周りの人のおかげ」と言います。

情報を集めるのではなく、気遣いで人望を集めた方が結局は、多くのサポートを受けることができるのです。

情報ではなく、相手の気持ちを掴む!

74 他者批判は百害あって一利なし

Ａさんは陰で他者を「あいつはアホだ」「あの人は本当に仕事できない」と、こけ下ろします。自分以外は皆馬鹿だと思っているので、相手への気遣いがありません。

これを心理学では仮想的有能感と言います。自分が成功体験を積むのではなく、相手を批判・軽視して引き下げることで、自分の優位性を感じる行為です。能力や状況などを軽視して馬鹿にすることを交流分析ではディスカウント（値引き）と言います。

仮想的有能感に酔いしれるタイプの人の自信のなさは、意見が異なる相手が現れたときに露見します。

Ａさんは少しでも自分の意見に反対する人がいれば、今まで仲良くしていても次の瞬間から意地悪をします。挨拶をしても目も合わさず、無視するのです。同時に、周囲の人に相手の批判を繰り広げます。

必然的にＡさんの周囲は、ＹＥＳマンしか存在しません。そのＹＥＳマンさえも、自分に少しでも逆らおうものなら、すぐに切り捨てる冷酷さを備えています。

本当に自分に自信ある人は、反対意見にも柔軟に対応して受け入れます。Ａさんは他者に文句ばかり言っているため、多くの人が「きっと、私も陰で悪く言われているだろうな？」と思っており、信用がありません。

孤立を強めていくＡさんですが、「周りの奴らの頭が悪いから、自分が理解されない」と考えています。

実は、**仮想的有能感の高い人は努力をしません。努力せずに高自己評価を保つためには、他者批判をするしかないのです。**

本当に自分に自信と実力がある人は、人の悪口を言わず、気遣いができます。

人の**潜在意識には人称がありません。**私、あなた、彼、彼女といった人称がないのです。だから、Ａさんは**相手を馬鹿にしているようで、潜在意識の深い部分では自分を馬鹿にしているのです。**これでは、自己肯定感（自分を大切にする心）も育ちません。真に自分を大切にできない人は、他者に思いやりを持って接する気遣いはできないのです。

相手を馬鹿にして損するのは自分だと知る！

75

相手の気遣いに気づく

気遣いができる人は、相手の気遣いに気づくアンテナの感度が高い人です。

トップセールスパーソンのAさんは、言葉以外の部分から相手の気遣いに気づきます。

Aさんの奥様は、あまり感謝の言葉などを口にされません。しかしAさんは、いろいろなものから奥様の愛情を感じると言います。

例えば、Aさんは仕事で留守がちなのですが、家に帰ると3月にはひな祭り、7月には七夕など、玄関のインテリアが替えられているので、季節を感じることができて、疲れて帰ってきてもホッとすると言います。また、料理も豆や野菜がバランスよく取り入れられていて、自分の健康のことを考えて作ってくれている、と愛情を感じるそうです。

言葉ではなく、相手の行動から自分への気遣いを感じるからこそ感謝が生まれ、自分も思いやりを持って接しようと思えるのです。

人の心理には返報性の原理があります。親切にされたら、お返しをしたいと思う心理のことです。だから、相手の気遣いに気づける感度の高さが必要なのです。当たり前だと思うと、感謝もお返しをしたいという気持ちも生まれません。

コメディアンのカジサックこと梶原雄太さんは、お世話になった芸人さんの手助けをするとき、「恩返しだと思っている」という言葉をよく使われます。やってあげているのではなく、恩返しをしていると思えるのは、普段から相手に感謝しているからです。

相田みつをさんの「美しいものを美しいものと思える、あなたの心が美しい」という言葉のように、**感謝できる出来事があるから感謝するのではなく、何事にも感謝できる心持ちが感謝を生むのです。**

アメリカの心理学者ロバート・A・エモンズとマイケル・ロッカーの研究によると、毎日1〜2分感謝する時間を設けたグループは何もしなかったグループに比べ幸福感が高まり、他者に対しても優しく、手伝いを積極的に申し出るようになったと言います。感謝は優しさへとつながっています。

気遣いの感度が高ければ、相手の行動を好意的に受け止めます。すると、自分の心のお財布にいいエネルギーがチャージされます。だから、相手に思いやりや愛情を持った気遣いができるのです。

感謝の感度を高める！

76

拒絶も恐れない

自分に自信が持てず、相手から拒絶されることを恐れると、相手に気を遣いすぎたり、積極的に関わることができなくなります。

しかし、拒絶を恐れるのは本能です。狩猟採集時代は生きるために食べ物の確保には集団で狩をしていました。だから集団から拒絶されることは、死を意味します。

「村八分」と言われるように、人は集団から絶交されると社会的生活を営むのが難しくなります。だから、拒絶を恐れるのは当然なのです。

しかし、拒絶を避けるために自己防衛し、自分にばかり心の矢印を向けるのは危険です。相手に心の矢印を向けることができなければ、対人関係のトラブルが起こったときに、客観的に相手の立場なども考えて解決策を出すことができません。何よりも、自分に心の矢印が向いている状態では、相手に影響力を及ぼすことはできないのです。

ＴＥＤ ジャ・ジャンさんは、世界中の著名人がプレゼンテーションをしているＴＥＤ（Technology Entertainment Design）で「拒絶されることへの免疫力を上げるためのチャレンジ」についてお話しされました。彼は、ビルの警備員に借金を申し込む、他人の庭に球根を埋めさせて欲しいと頼むなど、断られるためのチャレンジをします。

何度も拒絶される中で、彼は気がつくのです。世界を変えるような人は皆、拒絶されていると。キング牧師やガンジーなどの偉人たちは、拒絶によって自分を見限るのではなく、拒絶後に行動を起こし、自分の枠を広げて望みを叶えていたと知るのです。

成功哲学の祖、ナポレン・ヒルも「多くの人が他人の批判を恐れ、人生を台無しにする」と言っています。

良かれと思って行った気遣いも、拒絶されることはあります。しかし拒絶されたとしても、あなたの価値は何一つ変わりません。相手の要望と合わなかっただけです。

生きていくために細菌をすべて殺すことはできません。免疫をつけてうまく共存することが大切です。

気遣いも同じです。拒絶される免疫力が高ければ、恐れず相手を気遣うことができるのです。

拒絶される免疫力を上げる！

77 それでもなお、思いやりを届ける

ケント・M・キースさんが書いた『それでもなお、人を愛しなさい―人生の意味を見つけるための逆説の10カ条』（早川書房）の中に、こんな一説があります。

「何かいいことをすれば、隠された利己的な動機があるはずだと人に責められるだろう。それでもなお、いいことをしなさい」

ボランティアや寄付をしている人が偽善者だと非難されることがあります。愛から生まれる動機で行動をしたことのない人は、何の見返りもなく行動する人がいることを信じられないのです。

私が荒れた専門学校で心理学の講座を担当していた頃、一人の生徒が生徒手帳を落としました。たまたま担任が拾ってその生徒に渡したところ、生徒は「なんで、あんたが持っているの！」と担任に噛みついたのです。普通は落とし物を拾ってくれた人に感謝を伝えます。しかし、自分も相手もOKでないという人生態度で生きている人は（11項参照）、親切を受け入れることができないのです。

あなたの気遣いが必ず相手に届くとは限りません。でも、そこですべての人にあなたの

思いやりを届けるのをやめてしまうのは、もったいないことです。

私は就職支援のお仕事で、笑顔がないという理由で不採用になる若者たちの支援をした経験があります。話を聞くと皆一様に、自分が好感を持てる相手は笑顔の人だと言うのです。

では、なぜ自分は笑うことなく無表情なのでしょうか？

実は彼ら、「笑顔が気持ち悪い」など笑顔について批判された経験がある人ばかりでした。一度の批判をきっかけに、笑顔で人に接することをやめてしまったのです。その結果、第一印象が悪くなり自分が苦境に立たされてしまったのです。

心ない人に出会って、あなたの気遣いを批判されても、あなたに問題があるのではなく、相手の心の中に問題があるのです。

発明王のトーマス・エジソンも「私たちの弱点は諦めることだ。成功するために最も確実な方法は、常にもう一度だけ試してみることだ」と言っています。

気遣いとは、誰かに優しさを届けることです。一度の批判でやめてしまうのはもったいないのです。

批判を気にしない！

第6章

利休七則編

78 おもてなしは茶湯の精神から

優れた気遣いを〝おもてなし〟と言います。〝おもてなし〟の文化は茶湯の精神と関わりがあります。お客様との出会いを一期一会と捉え、一瞬で消え去ってしまう茶会という時間のために、何日もかけて万全の準備でお出迎えする姿勢こそ、茶湯の精神です。

〝おもてなし〟の〝お〟は丁寧さや敬意を表す言葉です。〝もてなし〟は漢字で〝持て成し〟と書きます。「モノを持って成し遂げる」が語源で、お客様にどのように対応するかを示します。

語源の「モノ」は目に見えるものと、目に見えないものの2つが含まれます。

例えば、お茶をいれるという目に見える行動に、相手を思いやって温度を調整するという目に見えない心がセットになってこそ〝おもてなし〟なのです。

心理学で言えば、「目に見えるもの＝意識（言葉や思考）」「目に見えないもの＝無意識（身体的な感覚）」です。

意識（言葉）でどれだけ、「この商品はすばらしいですよ」とお客様にすすめたとしても、自分の無意識（心の中）で「ロクでもない商品だけど、騙してでも売るぞ」と思えば、その無意識のメッセージが相手に伝わります。潜在意識の世界はガラス張りです。自分が思ったことが相手の深い部分に伝わるのです。

実は **〝おもてなし〟には、裏表なく真心を込めてお客様を迎えるという意味もあります。心理学も同じです。お世辞は相手に響きません。自分が本当に素晴らしいと思った相手の長所を心から褒めるからこそ、相手に伝わるのです。**

海外ではサービスを受けるとチップを払います。サービスはラテン語で奴隷という意味です。サービスは受ける側と提供する側に上下関係があり、「料理を注文し、提供してもらう」という基本的に伝えたことをやってもらうのがサービスです。

しかし、おもてなしは、相手が頼んでいないことでも察して行います。日本では飲食店に入ると必ず無料でおしぼりが手渡されます。これは日本を訪れた外国人が驚く日本のおもてなしの一つです。

これは、チップが欲しいからやっているのでなく、お客様の心地よさを考えて行う気遣いです。〝おもてなし〟は対等であり、和を重んじた日本ならではの気遣いなのです。

気遣いは裏表なく、心を込めて行う!

79

茶は服のよきように点《た》て

わび茶を完成させた、千利休《せんのりきゅう》がまとめた茶道の基が「利休七則」です。日本のおもてなしの心を簡潔に表しています。

1 茶は服のよきように点て
2 炭は湯が沸くように置き
3 花は野にあるように
4 夏は涼しく冬は暖かに
5 時刻は早目に
6 降らずとも雨の用意
7 相客《あいきゃく》に心せよ

〝茶は服のよきように点て〟とは、相手に合わせて臨機応変にという意味です。

あるクリーニング店は、お客様の服のボタンが取れかけていると「ちょっと、簡単に糸で留めておきますね」など、臨機応変にサービスしてくれます。だから少し料金は高めですが、お客様が絶えない人気店なのです。

戦国武将の石田三成の三献茶の話も、相手に合わせて臨機応変な対応をした逸話です。狩を終えた豊臣秀吉は寺に立ち寄りました。秀吉が小姓にお茶を頼むと、1杯目は大きな湯呑みになみなみと注がれたお茶が運ばれてきました。喉の渇いていた秀吉は一気に飲みほします。

おかわりを所望した秀吉に、2杯目は少し小さめの湯呑みにやや熱めのお茶が注がれていました。じっくりお茶を味わえるようにするためです。

3杯目のお茶を所望すると、今度は小さな湯呑みに熱々のお茶が少しだけ注がれていました。

このお茶の出し方を気に入った秀吉はこの小姓を家臣として迎えます。この天下人を喜ばせた小姓こそ、後に知将として名高い石田三成だったのです。

相手に合わせた気遣いで、小姓から家臣に召し抱えられるほどの出世をはたしたのです。

気遣いは相手に合わせて臨機応変にするからこそ、相手に喜ばれるのです。

相手に合わせた対応をする！

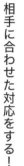

80

炭は湯の沸くように置き

〝炭は湯の沸くように置き〟とは、本質を押さえて準備をすることです。炭は適当に置くと火が弱かったり強すぎたりしてお湯がうまく沸きません。おもてなしも本質を押さえて行わなければ、うまくいかないものです。

茶道の表千家では畳一畳を六足で、半畳は三足で歩きます。なぜ、歩数を決めているかというと、畳の上を静々《しずしず》と歩くためです。これからお茶を飲む畳の上にほこりを立てないようにする気遣いなのです。六足で歩きなさいと作法だけを教わると、茶道のお稽古がつまらなくなります。お茶を飲んでいただく客人への気遣いだという本質的なことがわかると、お稽古に身が入ります。

人が感動するものとして**「真善美」**があります。

「真」とは、嘘偽りのないこと。
「善」とは、道徳的に正しいこと。
「美」とは、美しいこと。

「真」とは本質です。ユニクロの創業者である柳井正氏は、「真善美がわかること、それが創造力だ」と言っています。

本質でしか人は感動しないことを知り尽くした柳井氏だからこそ、「真善美」という言葉を大切にし、商品の本質を伝えることで、ユニクロのブランディングに成功したのだと私は感じています。

ビジネスも人間関係も、うまくいく秘訣はテクニックではなく、どれだけ本質を押さえているかです。

有名なマーケッター神田昌典さんは「戦略はキング、戦術はクイーン。ビジネスが成功するためには戦略が正しいことが大切。戦略が完璧だったら、戦術は稚拙でもなんとかなる。しかし、戦略が稚拙であれば、戦術が完璧であっても成功できない」と言っています。

気遣いも同様です。**相手が何を望み、どうすれば相手が喜ぶのかという本質を理解していれば、提供するサービスが少しぎこちなくてもなんとかなります。**しかし、本質を理解せず、テクニックだけを覚えようとしても、うまくいきません。気遣いも本質を知っていれば、応用が利きます。

本質を押さえて準備をする！

81
花は野にあるように

〝花は野にあるように〟とは、花は野に咲くように飾り立てずとも美しいということです。何事も余計な装飾なく、自然でシンプルであることが美しいのです。

以前、EXILEの元ボーカル、ATSUSHIさんが、きれいな声を出すには癖を取ることだと話されていました。普通の人は、癖をつけて歌うとうまくなると思っています。でも本当は、癖を取っていった方が声は美しくなるのです。

癖を取るとはシンプルになっていくことです。お寿司を手の中でこねくり回したら、食べられたものではありません。**気遣いもこねくり回して考えすぎてしまうと、うまくいきません。**

ヨガインストラクターから、健康のためにできるだけお水を飲むようにと指導されたAさんは、「私は普段お茶ばかり飲んでしまうので、1日2回はお水を飲むようにします！」と元気に答えました。

しかし、あとからインストラクターに「価値観の押しつけになって、気分を悪くされたらすみません……」とメールがきて、Aさんはとってもモヤモヤした気持ちになりました。

自分は前向きな返事をしたのに、相手から暗い雰囲気でメールがきたからです。自分なら「1日2回はお水を飲むのはいいことです！　できることからがんばってください！」と励ますのに、と思ったそうです。

インストラクターは、指導者として正しい知識を提供しました。しかし、それはAさんの現在の習慣にはないものです。だから、「意見をAさんに伝えることで、自分への評価が下がってしまうのでは？」と少し相手の顔色を見てしまったのです。このように**自分の評価を気にした発言は、相手にもそれが伝わりうまくいきません。気遣いは真心でシンプルに伝えるから伝わるのです。**

アップルの創業者スティーブ・ジョブズは「シンプルであることは複雑であることより難しい。なぜなら物事をシンプルにするには懸命に努力して思考を明確にしなければならないからだ」と言っています。

あれこれ気遣い頭でゴチャゴチャ考えすぎて複雑になってしまうと、相手に伝わりません。本当に伝えたいことをいかにシンプルに伝えるかが重要なのです。

想いをシンプルに伝える！

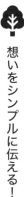

82
夏は涼しく冬は暖かに

アメリカの心理学者アブラハム・マズローの提唱した「マズローの5段階欲求説」（94項参照）というものがあります。

低階層の欲求が満たされなければ、高次の欲求が生まれないとされています。マズローの5段階欲求説の最も低階層にある欲求は、生理的な欲求です。**食事・睡眠・温度など生理的な欲求は、人の動機付けとなる最も根源的な欲求です。**

例えば、会議や講演会などを聞いていても、部屋が暑かったり寒かったりすると、聞き手はどんな話も耳に入ってきません。だから気遣いのある人は、聞き手が上着を羽織ったら、「部屋が少し寒いですか？」と言ってエアコンの温度を調整します。

私がスターバックスでコーヒーを買ったとき、「寒〜い」と言いながら店内に入ると、店員さんが「外は寒いですよね。コーヒーを少し熱めにおいれしましょうか？」と声をかけてくれて嬉しかったことを覚えています。

第1階層の生理的欲求は、肉体的本能的な欲求で、生命維持に不可欠です。生理的な欲求を満たすことなしに、人が心地よさを感じることはありません。**暑い寒いなどの温度感**

は筋肉量など人によって違うので、相手の温度感に敏感な人はモテます。

〝夏は涼しく冬は暖かに〟とは季節感を大切に五感に訴え、心地よさを作ることです。季節を感じるとは、豊かさを感じることです。

春に桜の花、夏にひまわり、秋に紅葉、冬、特にクリスマスは赤いポインセチアの花などが飾られているお店は、季節感があって豊かな気持ちにさせてくれます。

季節の行事やお祭りの際に食べる普段とは違う特別な料理を、行事食と言います。お正月におせち料理を食べたり、土用の丑の日にうなぎを食べたりする人は多いのではないでしょうか？　病院で食事を作る栄養士さんたちも行事食を作ることを大切にしています。入院中の患者様にとって、食べることは唯一の楽しみだからです。家に帰れなくても、季節を感じるひとときが気分を明るくしてくれます。

このように**相手が五感で季節を楽しめる工夫をすることも気遣いなのです。**

温度感・季節感を意識する！

83 時刻は早目に

イギリスの海軍軍人ホレーショ・ネルソンは「私の人生における成功のすべては、どんな場合でも必ず15分前に到着したおかげである」と言っています。

日本マクドナルドの創始者である藤田田さんも「短時間に大きいことをやろうと焦るよりも、時間をかけて大きなことをなすべきである」と言っています。

時間に余裕がないと大業をなすこともできず、他人を気遣う余裕もなくなります。

朝の通勤ラッシュの駅で道を聞いても、教えてくれる人はごく僅かです。みんな先を急いでいるからです。これが休日なら、もっと多くの人が親切に道を教えてくれるはずです。

子供の頃、親から「早く、早く」と急かされて育てられた人は、交流分析で言う「急げのドライバー」を持っています。それが一旦起動すれば、焦り、イライラし、物事を冷静に行ったり、他者を気遣うのは不可能です。

私にはこの急げのドライバーを体験してもらうために、講座で行うワークがあります。受講生にペアになってもらい、一人は折り紙で鶴を折ってもらいます。ペアの相手にはかけ声をかけてもらいます。制限時間は3分。1回目は「早く、早く、もう時間がないよ！

早く鶴折って！」と急かします。2回目は「ゆっくりやればいいからね。自分のペースでやればいいよ」とはげまします。すると、結果的に、多くの人は1回目は鶴は途中までしか折れず、2回目は鶴が完成します。同じ制限時間でも、心にゆとりがなければ、ことをなすことはできないのです。

人は焦ると心理的圧力を感じ、目の前のことに集中できません。「早くやれ」と急かすのではなく、「落ち着いてやればいいよ」と声をかけた方が結果的に物事が早く完了します。

相手を急かさないのが気遣いです。

そして、自分自身の「急げのドライバー」を機能させないためには〝時刻は早目に〟を徹底することです。時間の余裕は、気持ちの余裕につながるからです。

時間に余裕を持って行動する！

84

降らずとも雨の用意

〝降らずとも雨の用意〟とは不測の事態に備えることです。

友人と買い物へ行ったとき、エコバッグを忘れた私に、友人が「余分にあるから使って」と貸してくれたことがあります。自分が困らないように傘やエコバッグの用意をしている人はたくさんいますが、**人の分まで考えることができるのが気遣いです。**

イギリスの首相ベンジャミン・ディズレーリは「私は最悪の事態に備え、最良の事態を期待する」と言いました。

不足の事態に備えるというのは、面倒なものです。

「繭《まゆ》を作らない芋虫は蝶になれない」という言葉があります。繭を作る準備をしなければ、たとえ空を飛ぶ潜在能力があっても、ずっと地面を這《は》って生きることになります。

私は就職支援をするとき、この言葉を学生に伝えます。自分のやりたい仕事に就くためには、必要な経験を積み、資格を取るなど準備が不可欠です。コツコツと地道な取り組みです。でも、この面倒な準備が未来を作ります。このように、自分のための準備でも面倒なものですが、人のための準備ならなおさらです。

人望を集めている人やビジネスで成功している人は、自分だけではなく他人のために準備をします。

トップセールスパーソンで経営者と仕事をすることが多いＡさんは、経営に関する勉強会に参加し、経営に役立つ心理学も勉強しています。

「忙しいのに、どうしてそんなに勉強するのですか？」と聞くと、Ａさんは「勉強したことが、お会いした誰かの役に立つと思うから」と言います。

出会う前から相手の役に立とうと勉強している人と、出会って必要になってから勉強しようという人では、戦う前から勝負はついています。

出会う前から準備するという相手への気遣いが、相手の潜在意識に届くからです。

誰かに出会う前から、出会ったときに役立つ準備をする！

85 相客に心せよ

〝相客に心せよ〟とは一期一会のことです。もともと、茶道の心得であった一期一会は、「茶会は一生に一度のものと心得てお客様に誠心誠意尽くせ、その機会を大切にせよ」という意味です。

お茶の世界は、その日招いたお客様を正客《しょうきゃく》、正客に伴ってきた方や急遽《きゅうきょ》参加された方を相客と言います。お茶会で正客をもてなすのは当然ですが、相客にも粗相があってはいけません。

ビジネスでも本当に成功する人は、企業の社長から、その企業で掃除を担当している人にまで分け隔てなく挨拶し、親切です。 しかし、裏表のある人は、社長にはゴマをすっても、お掃除の人には横柄です。自分に得がありそうな人にだけ愛想良くする人で、長期的に成功している人はいません。

同僚に社内手続きについて聞かれると「自分で調べてください」と冷たく突き放すのに、役員クラスの人には懇切丁寧にやり方を伝える人がいます。しかし、その姿を社員全員が見ていることに気づいていないのです。これは、自分が出世にしか興味がない、人を見て態度を変える人物である、と言いふらしているようなものです。

婚活パーティーでも、自分の目当ての女性にだけ優しく、その友人に冷たい人はモテません。女性同士でお手洗いに立ったときに、その友人が「なに、あの人？　性格悪くない？」とお目当ての女性に話すからです。友人にも感じ良く接している人は「あの人いいよね！」と友人が加勢してくれます。

人に放った気遣いは、ブーメランのように自分に返ってきます。

自分に得がありそうな人やお目当ての人だけに意識が集中している人は、お茶会で言えば、正客だけをもてなしています。それではレベルが低いのです。

正客だけでなく、相客にも配慮して茶会をする人が、「この茶会は最高だった」と参加者から喜ばれます。

〝相客に心せよ〟は普段から相手によって、態度を変えない人ができることなのです。

相手によって態度を変えない！

第 7 章

気遣いの高め方編

86

自分の器以上のものは手に入らない

自分の器以上のものは手に入らないと言いますが、その器とは何で決まるのでしょうか？　心理学では「器」＝「セルフイメージ」です。**人はセルフイメージ通りに無意識に行動します。**

こんな寓話があります。ある青年が魚釣りをしていました。大きな魚が釣れると海に戻し、小さな魚だけを捕っています。

近くで見ていた老人が不思議に思い、「なぜ、大きな魚を海に戻しているのか？」と聞くと、青年は「うらのフライパンは小さいので、それ以上の大きさの魚は戻しているのです」と答えました。

この話を聞いて、「大きな魚を釣ったら、切ってフライパンに入れればすむではないか」と思いませんでしたか？

しかし、私たちはこの青年を笑うことはできません。人はこの青年のフライパンのように、自分で決めたセルフイメージ以上のものを受け入れられないのです。

仕事で大きなチャンスに恵まれても、自分にはその能力がないと深い部分で信じていると、その依頼を断ったり、自らミスを招いたりします。素敵な異性から告白されても、自分を好きになるはずがないと信じ込んでしまいます。相手の好意を受け入れずに冷たい態度を取り、相手が離れていくことさえあります。

すると**「やっぱり、嫌われた」と自分のセルフイメージ通りの結末になるように無意識に行動するのです。**ブッダも「心がすべてである。あなたはあなたが考えた通りになる」と説いています。

気遣いでも同じです。自分は価値がないと考え、他人も信用できない人は、セルフイメージが低く、心の器が小さいのです。だから素直に他者からの好意や気遣いを受け取れません。好意や気遣いはエネルギーです。器が小さく、そこにエネルギーも入ってこなければ、心はいつも空っぽです。これでは、人に与える好意・エネルギーが、湧いてきません。

自分を嫌いながら（小さな器の人だと思いながら）、人に親切にすることは不可能なのです。

セルフイメージを高める！

87 食べ方は生き方

あなたの性格はあなたの腸内細菌によって決まることを知っていましたか？　腸は第二の脳と言われ、腸内細菌は神経伝達物質の生成に重要な役割を担っています。腸内細菌の種類や量が変わるとそれが神経に伝わり、性格や行動に変化を与えるという研究が盛んです。神経科学などを専門とするアイルランドのコーク・カレッジ大学のジョン・F・クライアン教授によると、「ある種の腸内細菌は、精神状態にいい影響を及ぼす可能性がある。そのような細菌をマウスに投与すると、不安やストレスへの対応力が向上することがわかった」と言います。

私は婚活セミナーの講師をしていますが、婚活がうまくいかない人には偏食が多いと感じます。同じものばかり食べる、肉だけ食べて野菜を食べない、食事よりお菓子でお腹を満たす、というのがその特徴です。そのような人は、相手に気遣いができず、自分中心的に考える傾向にあります。**食事が偏ると、考え方や人への接し方が偏ってしまうのです。**

医療少年院に入所している子供の約46％は孤食（家で一人で食事をとること）で、ほぼ全員に偏食が見られたと言います。

私は癌になってから、食生活をガラリと変えました。乳製品や動物性食品を控え、マクロビオテック（略称：マクロビ）という玄米菜食を中心の食事にしています。マクロビをはじめて白砂糖を控えると、花粉症の症状が軽減されました。体重も10キロ減り、基礎体温が上がりました。

マクロビの料理教室の先生は、地球にも人にも優しい暮らしをしています。子ども食堂のボランティアや、ミツバチの保護活動のために殺虫効果のあるものは使わないといった活動をしているのです。**食べ物に気を遣っている人は、人や地球にも気遣いができる人が多いのです。心理学でも部分は全体に現れると考えます。**部屋が散らかっている人は、鞄の中も散らかっているものです。

何かに優しくできる人は、違う分野でもその優しさを発揮することができます。自分の気分が良くないと人に優しくできないのが人間です。相手にいい気遣いをしようと思うなら、自分の体調を整えること、つまり食事に気を遣うことも大切です。あなたの食べ方はあなたの生き方なのです。食べ方があなたの生き方となり、人への接し方となります。

健康的な食事で腸内環境を整える！

88 常に周りとのつながりを意識する

気遣いができる人は、想像力があります。逆に想像力のない人は、自分にドンピシャなたとえ話でないと学べません。

就職活動がうまくいかない就活生の中には、「どこの会社も興味がない。給与を貰えればそれでいい」と話す人がいます。

その人に「結婚と就活は似てるんだけど、あなたに告白してきた相手が『お金持ちだったら誰でもいい』と言ったらつき合う？」とたとえ話をしたときに「それは、嫌ですね。そういうことか」と理解できる人は、志望動機や心構えを改善できます。

しかし、「お金が欲しいっていうのは悪いことではないから、別にいいのでは」と言って、婚活のたとえ話を理解できない人がいます。これは、話の本質を掴めていません。話の本質が掴めない人は、人の気持ちを掴むことはできないのです。

さらに、「企業にたくさん応募者がきた場合、お金だけが目当ての人と、企業の取り組みや仕事内容に興味がある人がきたらどちらを採用すると思う？」と、どんどん相手の立場で説明すると理解する人もいますが、**相手と自分は別と完全に切り離して考える癖があ**

る人は、なかなか相手の立場に立つことができません。

人の気持ちに鈍感な人の口癖は「それは私と関係がない」です。

普段から自分と相手、自分と世の中はつながっていることを意識する（リレーションシップを持つ）ことが大切です。

ノーベル平和賞の候補にもなったベトナム出身の僧侶ティク・ナット・ハン師は宇宙にあるすべてのものは相互に依存し、偉大なものの一部である、という仏教の概念を「インタービーイング（相互依存）」という言葉で伝えています。それは1枚の紙の中に雲を見ることです。「雲が雨を降らし、木を育てて、紙ができる」そういう意味です。つまり、世の中に起こるすべてのことは自分とつながっているのです。

気遣いは愛と創造力でできていると繰り返しお伝えしてきました。自分と関係がないと思ってしまうと、相手を思いやることも、気遣うこともできないのです。**この世に自分につながりのないものは存在しません。**

ハン師が語るように「ここにある」ということは、「ともにある」ということなのです。

自分本位の考え方にならないようにする！

89
空気・行間を読む文化

日本は、島国で文化や人々の価値観が近いので「あうんの呼吸」「ツーカーの仲」などと言われるように、多くを語らずに理解し合う暗黙知の文化が生まれました。反対に人種の坩堝《るつぼ》と言われるアメリカでは、はっきりと言葉で伝えるコミュニケーションが主流です。

文化人類学者であるエドワード・T・ホール氏は日本や中国のような空気を読む文化を「ハイコンテクスト文化」、欧米のように言葉で伝え合う文化を「ローコンテクスト文化」と提唱しました。

「ハイコンテクスト文化」では、直接的表現より単純・曖昧な表現が好まれます。**言葉だけでなく「行間を読む」というコミュニケーションスキルが必要になります。**つまり、想像力が必要です。

一方、「ローコンテクスト文化」では直接的・明示的な表現が好まれます。

元CAで現在はインバウンド研修講師のAさんは、〝日本人は仕事でも先輩の行動を見て、次に何が必要か察して進んでやる〟という文化があり、CA時代はいつも先輩の仕事の先読みをして、サポートができるように気遣っていたと言います。

しかし、現在、外国人向けのサービス研修を担当すると、この常識は通じないと言います。〝海外の人は、やるべき仕事を具体的にはっきり教えてくれないのは不親切〟と考えるからです。

外国人スタッフに指示を出す場合、直接的で明確に行うスキルが必要です。

例えば、日本で上司が、ミスが多い部下に「少しは考えて仕事をしなさい」と言ったら、部下は行間を読んで、「すみません。今度から気をつけます」と応えます。しかし、外国人の部下の場合は、「何について考えるのですか?」と言われてしまいます。「ローコンテクスト文化」では、言語表現だけで情報すべてを伝える工夫が必要です。

反対に、**日本の「ハイコンテクスト文化」では、空気や相手の言葉の行間を読むコミュニケーションが必要です。**想像力を鍛えなくてはいけないのです。

そういった意味で日本は気遣いの難易度が高く、気遣いの訓練に最も適した地なのです。

何が必要か察して対応する!

90 天国と地獄の長い箸

元CAのAさんが同期会に参加すると、レストランで食事が運ばれてきたときに誰彼なしに料理を取り分けたり、お会計もさっと計算して割り勘にしたりと、メンバー全員が自分にできる気遣いをお互いにするので、とても気持ちのいい会になると言います。

ある会社では、新人に雑用を押しつけます。自分が入社当時に先輩からやらされた嫌な雑務を、後輩にも押しつけるのです。確かに必要な雑用もありますが、本業のスキルが身につかなければ意味がありません。

社内にしっかりとした研修制度がある企業は、新入社員の実務能力が低い場合、そこを伸ばす研修などを徹底的に行います。雑用を丸投げするより、実務をできるような学習や経験を積む方が、生産性が上がるからです。

自分も過去にやらされたからという理由だけで、新人に雑務だけを押しつけ、自分が楽をしたいというような考えをもった先輩社員がいる会社では、能力の高い人は「時間の無駄」と考え退社してしまいます。

先輩社員が後輩の能力を伸ばすようにサポートしている企業は、後輩もまた先輩のため

にがんばろうと働いてくれるものです。

良い空気も、悪い空気も、すべては循環しているのです。

天国と地獄の箸というお話を聞いたことがあるでしょうか？　天国でも地獄でも三尺三寸（1メートルほど）の長い箸で食事をしなければなりません。どちらも食卓に山海の珍味が並んでいます。地獄では、我先にご馳走を食べようとしますが、長い箸で自分の口に運ぶことができず、他人の料理を奪おうとする者までおり、皆ガリガリに痩せています。一方天国では、お互いに長い箸を使って相手の口に食べ物を運んであげるので、皆ふくよかで楽しく食事をしているというお話です。

自分さえ良ければいいという我欲を手離し、相手を自分と同じ尊い存在とするからこそ、相手にまず与えることができるのです。

気遣いも同じです。自分が楽をしたいから、相手にやらせればいいという我欲に囚われていると、いい気遣いの循環は生まれません。相手のことを考えて、我欲を抑えて相手に接するから、いい気遣いの循環が生まれるのです。

我欲を抑えて、相手に与える！

91 もっともっとはエゴ

自分を深い部分で受け入れていない人は、他人から過剰に認められたいと願うものです。しかし、**承認欲求が強い人は、本当の意味で人に気を遣うことができません。**自分にしか心の矢印が向いていないからです。自分への承認を求めるばかりでは、相手に与えることができません。

心理学では「もっともっと」と思うものはエゴだと言われます。本質的に人間はたくさんのものを必要としません。

私が参加しているマインドフル瞑想のサンガの師であるティック・ナット・ハン師は「私は大きな家は必要ありません。この小さなあずま屋の窓から見える景色が気にいっているのです」と話します。心豊かに生きている人は、物質的なものはあまり必要ありません。マザー・テレサが亡くなられたとき、使い古された2枚のサリーと小さなカバンしか持っていなかったと言われています。

誰かに慈悲の心で接すると感謝されますが、それ以上に与えることで心が満たされます。お釈迦様は、托鉢に行く修行僧に「お金持ちの家には行かず、貧しい人の家をまわりなさい」と言いました。驚いた修行僧が「お金持ちの家の間違えでは？」と聞き直すと、「豊かな人は今まで人に与えてきたから豊かなのです。貧しい人は他人に施しをしなければ、ますます貧しくなる。だから貧しい家からお布施をもらいなさい」と答えました。

お金を集めるためならお金持ちの家に托鉢に行く方が得策です。お釈迦様は、貧しい人に与える心を持ってもらいたかったのです。

日蓮聖人は「人にものを施せば我が身の助けとなる。例えば人のために火を灯せば、我が前明らかになるがごとし」と言いました。

人のために火を灯したら、自分の目の前も明るくなるのです。**気遣いも相手のためにするようで、実は自分の心を豊かにするのです。**

気遣ってもらうよりも、相手を気遣うことで満たされるのが人の心なのです。

求めるのではなく、与える！

92

期待は甘え

「そんなこと言わなくても、わかるだろう！」とイライラすることはありませんか？

実はわざわざ口にしなくても、わかって欲しいという心理は期待であり、甘えです。

精神分析学者の土井健郎氏は著書『甘えの構造』（弘文堂）の中で、「甘えの心理は、人間存在に本来つきものの分離の事実を否定し、分離の痛みを止揚しようとすることである」と定義しています。

例えば、乳幼児期の子供は親と一心同体だと感じています。母親が泣き出すと子供も泣き出すという感じです。しかし、大人になっても他者にこの心理的一体感を持っていると人間関係がうまくいきません。「なぜ、わかってくれないのか」というのは、心理的一体感が崩れ、相手が自分の期待に応えないと裏切られたと感じてガッカリするからです。

甘えたい気持ちが受け入れられないと、人は「拗《す》ねる」「僻《ひが》む」「恨む」という気持ちが湧き、被害者意識を持つようになります。例えば、甘えが受け入れられないときに怒りが湧いてくるのは甘え型の攻撃性です。先日、満員電車で母親に子供が「席に座りたい！」と泣きながら母親の足を叩いて怒っていました。これは、まさに甘え型の攻撃性です。

実は依存度の高い人ほど攻撃性が高くなります。例えば夫婦間で言葉による暴力を振るうモラルハラスメントも相手に必要以上に干渉し、自分を理解して欲しいと期待しているために起こります。しかし、人が他人の心の中をすべて察知し、ケアすることはできません。健全な大人なら、嫌なら相手から離れます。しかし、自立せず、相手に依存していると離れることができません。親に文句を言いながら、同居を続ける人も経済的にも精神的にも自立していないのです。

子供が親に求めるように心理的一体感を求める甘えを持っていると、相手を気遣うことはできません。子供が親に面倒を見て欲しいと甘えるように、自己中心的な視点しか持てないからです。心は育てていかなければなりません。

人は一人では生きていけません。だから、ときに人を頼り、甘えることも必要です。でも、いつも、子供が親に甘えるように、相手に自分の欲求をすべて叶えてもらわないと不満に思うのは幼児性が高い行為なのです。

気遣いができる人は、相手と適切な大人の距離感が取れる人です。

大人の距離感を取る!

93

自ら心のグラスに水を注ぐ

「評価されたいから仕事を頑張る」「親に褒められたいから勉強する」というのは、外発的動機づけです。行為そのものではなく、行為によって外側から評価を得ることを目的にしています。これは人にコントロールされる動機です。他人の評価という極めて不確定な要素に振り回され、他人の反応に一喜一憂することになります。これでは相手のことを気遣うことができません。

「仕事が好きだから頑張る」「学ぶのが楽しいから勉強する」というのは、内発的動機づけです。行為そのものが目的であり、自分の興味関心に基づきます。

外発的な動機を内発的な動機に変えるだけで、承認欲求に振り回されなくなります。つまり、人の顔色をうかがう必要がなくなるのです。

他人に認められたいというのは、他者承認（外発的な動機づけ）です。自分で自分を認めることができるのは自己承認（内発的動機づけ）です。幼い頃は、誰でも親や学校の先生に認められたいと他者承認を求めます。承認欲求は人が成長する上で必要な欲求です。

しかし**成長してからも、誰かに認められたときしか自分に価値があると感じられないのな**

ら、承認を得られない場合は劣等感や無力感に苛まれます。自己肯定感（自分を大切な存在だと感じること）が低いと、常に欠乏感を持ちます。「ありのままの自分でＯＫ」と自己承認できる人は、他者承認をさほど必要としません。

「つい、自慢話をしてしまう」「皆の注目を集めたい」「人の批判が気になる」「優秀な人たちの中にいると居心地が悪い」、この中に当てはまるものが多い人は承認欲求が強い傾向にあります。

例えば、空のグラスに、誰か水を注いでくれないかなと思っている人は、受け身になります。水を飲むタイミングを他人に左右され、ときには水がもらえないことさえあります。反対に自分でグラスに水が注げる人は、水を飲むのに困りません。いつでも自分でグラスを満たすことができるからです。自己承認は自分で心を満たすことです。

他者承認に頼るほど、自己承認の力が弱まり、他人に評価されることに囚われ、自分が何を好きで、何が喜びなのかわからなくなります。**人に愛や思いやりという純粋な動機で接するためには、自己承認が不可欠なのです。**

他者承認から自己承認へシフトする！

94
自我が消え去ると愛が現れる

あなたは、何のために人に気遣いをするのでしょうか？

アメリカの心理学者アブラハム・マズローは、人は自己実現に向かって絶えず成長する生き物であると仮定し、人の動機付けを欲求の5階層説（マズローの法則）としました。

この基本的な欲求は低次元の欲求が満たされなければ、高次元の欲求が現れることはないとされています。

①生理的欲求：食欲・睡眠欲に代表され、生命維持に不可欠な欲求です。飢えが満たされなければ次の欲求は現れません。

②安全の欲求：身体的にも経済的にも安心して暮らしたいという欲求です。災害や病気、生活に困窮することは誰でも避けたいものです。

③所属と愛の欲求（社会的欲求）：家族や社会といった、何らかの集団に所属したいという欲求です。

④承認欲求：尊厳の欲求とも呼ばれ、自分が認められたいという欲求です。承認欲求はさらに、「低位の承認欲求」と「高位の承認欲求」に分類されます。「低位の承認

欲求」は、他者に注目され賞賛されることを求める欲求です。一方、「高位の承認欲求」は、他者にどう思われるかは関係なく、自分の基準で自分を認めたいという欲求です。

⑤自己実現の欲求：自分らしく生きたいという欲求です。これは①〜④が満たされると現れる欲求です。①〜④が欠乏欲求であるのに対し、⑤は成長欲求です。

あなたが人を気遣うとき、評価を求めて行うなら「低位の承認欲求」に突き動かされています。「高位の承認欲求」は自己承認です。自分を認め、自分の夢に没頭するなら、あなたの夢は誰かの夢と交差します。

聖者の言葉に、**「まずは、あなたのためにがんばりなさい。それが誰かのためにつながったとき、あなたは成功するでしょう」**とあります。

本当に心が満たされた人は我欲を超え、他者や世界のために自分を役立てたいという純粋な動機で自己実現していくのではないでしょうか？

あなたの内側から湧き上がる愛を動機にして気遣いができるなら、もうそこに評価を気にする自我が存在することはありません。

気遣いは愛を動機にする！

95
心のガス欠には自己承認

親から、「あなたは聞き分けが良くて、いい子ね」などといった条件つきの褒め方をたくさん受けて育つと、裏メッセージとして「○○ができなければ見捨てられる」という不安がつきまといます。また、「お姉ちゃんはできがいいのに、お前はダメだ」などと誰かと比較されると常に欠乏感を持ち、他者承認がなければ自分を価値ある存在であると思えなくなります。つまり自己肯定感が育たないのです。

本当に自分を愛し、誰かを気遣える人は自分自身を愛している人です。空腹では人に食べ物を分けてあげることができません。でも自分がお腹いっぱいで食べ物が余っていたら、人に分けてあげるのが自然です。同様に、**自分の中に愛のエネルギーがある人が人にも愛を分けてあげられるのです。**

そのためには自己承認が大切です。他人に左右されず、自分に与えることができるエネルギーです。

「仕事でいい成績を残すことができた！　俺、なかなかやるな！」「難関の試験に合格できた。我ながらよくやった！」と自分を褒めることは条件がついています。大切なのは、いい成績でなくても、試験に不合格でも、結果にかかわらず「頑張った」と無条件に自分をねぎらい、褒めることです。

人は絶望し、精神エネルギーが枯渇すると、職場に行けず、家事もできず、何も手につかないということがあります。そんなとき、何も頑張ってない、何もできないと自分を責めがちです。

でも本当に苦しいときは、何かする必要はありません。今日一日、死ぬことなくご飯を食べ、寝ることができたらそれだけでOKです。

自分の精神的なエネルギーの残量がなくなると鬱病などの病気になります。ガス欠にならないようにガソリンメーターをチェックして給油するように、**自分の精神エネルギーの残量に注意して、自分にOKを出すことが必要です。**あなたの精神エネルギーを給油できる一番近くのガソリンスタンドは、あなた自身なのです。自己承認は最も近くで安全にエネルギー補給ができるものなのです。

ポジティブな無条件の承認を自分に与える!

96

北風でなく太陽の気遣いで接する

国税調査官のAさん。企業に出向き、証言や証拠を引き出して、正しく納税してもらうのが仕事です。Aさんが心掛けていたことは、正しく申告していないであろう企業の方でも、丁寧に誠意をもって話すということです。何気ない雑談の中から、売上隠しや、経費の水増しなどがわかることも多いからです。

実際の客数を少なく申告し、売上隠しをしている疑いがある企業の調査をしたAさん。長年の勘で、もう一つ隠し帳簿があるのでは、と感じていました。調査中、社長が経理部長に確認してきますと言ったきり、20分近く戻りません。Aさんは嫌な予感がして、急いで社長がいる部屋まで行ってみると、まさに隠し帳簿を破棄しようとしていました。そのとき、Aさんは「待ってください！　今、正直に言ってもらえれば大丈夫ですから」と声をかけました。証拠を消し去ろうとする社長を安心させるためです。そして、「こんなことをしたのは、何か理由があるんですよね」と所得隠しの理由を穏やかに聞きました。すると社長が、客数を正しく申請し、消費税が跳ね上がるのを恐れて誤魔化したと正直に話したのです。

隠し帳簿を発見したとき、「あなた、何をしてるんですか！　違法行為ですよ！」「なぜ、こんなことしたのですか？」と厳しく追及することもできます。でも、Ａさんは盗人にも三分の理がある（悪事を働くにも相応の理由はある）ことを理解していたのです。不正申告者でも、そうせざるを得ない理由を聞き、正しく納税するよう説得したのです。後日、この社長からＡさんに反省と感謝の手紙が届きました。

「悪いことをした私のことを気遣い、丁寧に接してくださり、ありがとうございました。もう二度とこのようなことはしません」という内容です。

この社長はＡさんの対応で自分が恥ずかしく、所得隠しに罪悪感を抱いたのです。

非がある人を責め立てることはいくらでもできます。しかし、それでは同じことを繰り返す可能性があります。心から反省しないからです。大切なのは二度と同じ過ちを犯さないよう改心してもらうことです。

北風のような冷たさでなく、太陽のような温かい気遣いが相手を正直にさせ、改心させることにつながります。相手の生き方を変えるような気遣いにこそ意味があるのです。

罪を責めるのではなく、改心を促す！

97
気遣いは量ではなく質

韓国時代劇の名作『チャングムの誓い』では、王宮の料理を担当する最高責任者の師匠が弟子のチャングムに気遣いを説くシーンがあります。

幼いチャングムは師匠から、水を持ってくるように言われます。チャングムは、はじめ瓶から汲んだ水を持っていきます。でも師匠は飲んでくれません。次に冷たい水や温かい水、川の水を汲んできても全く飲んでくれません。

何をしても、水を持ってきなさいと繰り返すので、しびれを切らしたチャングムが「どうして同じことばかり言うのですか?」と言うと師匠は、「お前の母さんは、お前に水を出すときに何も言わなかったのかい?」と聞きます。そこで、チャングムは気づくのです。師匠に「今日はお腹の調子が悪いとか、喉が渇いていることはございませんか?」と体調について次々と質問します。そして師匠の体調に一番いいと思う温度、タイミングで水を持ってきたのです。

水をただ持ってくるのではなく、飲む人の体調や好み、気分を考えて水を出えすという気遣いの質が問われていたのです。師匠は「料理は人への配慮であり、水は料理の一部だ」

と教えたのです。水を料理の一部にするためには、同じ水を何も考えず毎回持ってくるだけではダメなのです。

気遣いも、マニュアル通りに同じことを繰り返していては、質が上がりません。筋トレと同じです。鍛えている部分を意識することが重要です。やり過ぎても筋肉を痛めます。今より少しだけ、負荷をかけてトレーニングするから筋肉がつくのです。

飲食店のアルバイト店員がしょっちゅう来るお客様に「ポイントカードはお持ちですか?」と聞いて、そのお客様は「持っていません」と毎回答えています。これは、マニュアル通りで言葉をかける数（量）は重ねていますが、質が上がっていません。どこかのタイミングで「ポイントカードをお作りしましょうか?」と声をかける人は質を上げています。**気遣いも相手のことを考え、今まではやっていないことに取り組むから、レベルが上がるのです。**

気遣いの質を上げるには、相手に心の矢印が向いていなければできないのです。

今までやっていなかったことを少しやってみる!

98

元気が元気を引き寄せる

嫌なことがあったわけではないのに、いつも前屈みで表情が暗く、ボソボソ話す。このような人は友人があまりいません。人は、会ったときに気持ちが暗くなる、重くなる、冷たくなるような人には、また会いたいと思わないものです。

一方、いつも明るいAさん。母親を亡くして1年近く悲しんでいましたが、仕事に行くといつも通り明るく仕事をしていました。

Aさんは「仕事で救われた。家でじっとしていたら落ち込むばかりだった。職場でいつも通り振る舞うことで、悲しみから離れて過ごせたから立ち直れた」と言います。

Aさんの場合、自分が落ち込んでいるときに、暗く振る舞わないことで、相手にも気を遣わせず、なおかつ、いつも通りのテンションで過ごすことで、自分の気持ちも素早く立て直すことができたのです。

最近の研究ではたとえ作り笑いでも、脳内麻薬と言われるドーパミンやエンドルフィン分泌を促し、脳の血流量が増えるとされています。すると、ナチュラルキラー細胞が活性化され、免疫力が上がります。**「笑う角には福来たる」と言いますが、笑顔でいることは**

相手に対する気遣いであり、自分の健康にもいいのです。

私が癌になったとき、「病気になっても、病人になるな」と言われたことがあります。

癌サバイバーで何度もホノルルマラソンに参加しているBさんは「元気になったから走ったのではなく、走ったから元気になった」と話されています。元気になる出来事があるから、元気になるのではなく、元気に振る舞っているから笑顔になれるような自分でいられるのです。

デール・カーネギーも「あなたは暗くて不幸で、不機嫌な人とつき合いたいか？　それとも幸せで楽しげな人とつき合いたいか？　気分や態度は麻疹のように伝染する。自分から発散するものは、他人にうつしてもいいものでなければならない」と言っています。

腫れものに触るように接しなければならない人と会うのは、気が休まらず心地よく感じられません。イギリスの作家ジョージ・エリオットが言うように「微笑めば友達ができ、しかめっ面をすればシワができる」のです。

笑顔をいつでも心がける！

99 気遣いは伝承される

看護師をしている友人の娘さんは、フードデリバリーでアルバイトをしています。

彼女は、母親に配達先の市営住宅に独居している100歳のおじいちゃんの吉田さん(仮名)についてこんなことを言います。

「吉田さんは、ほぼ毎日お寿司ランチを電話注文してくれる。だから着信を見るだけでわかるから私が電話に出る。だって、吉田さんは入れ歯がガバガバで他の人だと、何を言ってるかわかんないから(笑)。

配達もなるべく私が行く。なんせ100歳だからピンポンしても反応がなくて、他のスタッフだとイラついて態度が悪くなるから。おじいちゃんだから聞こえないし、動くのも遅いの。だから、玄関を少し開けて、『お寿司お持ちしましたー!』って声をかける。するど、ゆっくりゆっくりいろんなところに掴まりながら、仙人みたいな吉田さんがお金を握りしめて玄関まで歩いてくるの。

渡されるお金はいつも温かいから『ああ、きっと電話かけてからずっと待ってたんだろうな』って思うと怒れないよね。ときどき10円ぐらいお金が足りないときがあって、私も仕事だから『お金が足りません』って伝えるけど、また仙人がゆっくりゆっくり部屋まで戻って、お金を探すのかと思うとかわいそうだから『数え直したらありました！』と言い直す。足りない分は自腹だけど、この恩は天国で返してもらうからいいの。**会社的にはアウトだけど、私は人間としてやってるからセーフだよね。**お寿司は、部屋の入り口に置かせてもらうの。すると、吉田さんは手を合わせて喜んでくれる。多分1日で人と話すのは、これだけだろうなって。だから、今日も注文こないかな」

届けたのはお寿司ではなく、優しさです。**高齢者や体の不自由な人への気遣いは、看護師である母親譲りだと私は感じました。**

私が癌で入院していたとき、ご自身のお父様などの介護をしながら、私の病室に立ち寄って、いろいろとケアしてくれたのは彼女のお母さんでした。最も弱っているところに、最も手厚いケアをしてくれることのありがたみをひしひしと感じました。

母は背中で娘に愛や思いやりのある気遣いを伝承しているのです。

あなたの気遣いは誰かに伝承される！

100 最後の気遣い

私には父との記憶が2つしかありません。一つは、2歳の頃、飼っていた柴犬にお水を私と一緒にあげたときの背の高い父。もう一つは、死の間際の記憶です。

2歳のときに両親が離婚して、父が兄を、母が私を引き取りました。そして私が高校生のとき、死期が迫った父と再会しました

父は癌におかされ、病室のベッドに横たわって点滴をしていました。180センチ近い長身の体はガリガリに痩せ、おむつをしていました。

私が病室に入ると開口一番、父は「俺に恨みつらみがあったら、何でも言ってみろ」と言いました。そのとき私は、首をふりながら泣いてしまいました。自分の病気の心配だけをすればいい状況で、私のことを気にかけてくれたからです。

もしかしたら、本当は「なぜ、お兄ちゃんだけ引き取って、私を引き取らなかったの?」など、多少の恨みつらみはあったかもしれません。でも、**父が死の間際に私を気遣った一言で、今まで抱いていた思いはすべて消えて、何もかも許せていました。**

だから、私にはもう優しい父の記憶しかありません。

病床で父は、「水が飲みたい」と言っていました。でも、氷しか口に含ませることができませんでした。治療の影響で、水を飲むとあとから吐いたり、結局、患者自身が苦しくなるからです。

私が病室を訪れて数日後、父はこの世を去りました。

数十年後、私も癌に倒れました。そのとき、**体に不調があるときに誰かを思いやることの難しさを痛感しました。**

私の病室の隣のベッドの人は、抗癌剤の治療でかなり苦しまれていました。だから、お見舞いに来る家族にも、看護師さんにも、当たり散らしていました。病院の廊下をリハビリで歩くおばあちゃんにも「うるさい！」と怒るほどでした。でも、健康な細胞さえ攻撃する抗癌剤の治療で、死ぬほど苦しんでいるのだから仕方ないと私は思いました。だからこそ、父が病に冒され苦しい状態で私を気遣ってみせたことが、尊いことだと感じるのです。

私もこの世を去るときがきたら、周りを気遣い、感謝して旅立ちたいと思っています。

エンディングにも気遣いできるような心を持つ！

おわりに

最後までおつき合いいただき、ありがとうございました。いつも人生で大切なことは、出会った人の在り方（生き方）から学んできました。気遣いについても、大切な友人から教えてもらいました。

「俺に返さなくていい。誰か困ってる奴がいたら助けてやればいい」

28歳の若さでこの世を去った友人が私に残した言葉です。

彼は、いつもハンチングの帽子をかぶって、一眼レフで写真を撮っていました。

「俺は落ちとるもんしか、撮らんけどな」と言って流木などをレンズに収めていました。

当時、私は彼の写真を使ってアート作品を制作し、グループ展を開いていました。そんな彼の家でかわいいテーブルセットを見つけたときのことです。

私「このテーブルセットかわいいね。私、こんなのが欲しいんだよね」

彼「やるよ」

私「いいよ。悪いし」
彼「使ってないし、いいよ。持ってってやるよ」
そう言って近所に住んでいた私の家まで、自転車で小さなテーブルセットを運んでくれました。
道すがら、二人でこんな会話をしました。
私「今度、何かお返しするね」
彼「俺に返さなくていい。誰か困ってる奴がいたら助けてやればいい」
そのとき私は、誰かからもらった優しさは本人に返さなくても、誰か別の人にまたそのバトンを渡していけばいいと学んだのです。

それから数年後、彼は白血病に倒れこの世を去りました。

亡くなった当時、彼は結婚して半年、奥さんは妊娠6カ月、無念にも我が子の誕生に立ち会うことができませんでした。

そして、私は死ぬ間際まで彼が気にしていた飼い猫を引き取りました。

このとき、彼を失ってどうすることもできない悲しみに打ちひしがれている奥さんの少しでも役に立ちたいと、私はカウンセリングの勉強をはじめたのです。「誰かを救いたい」という思いではじめたカウンセリングの勉強は、心理学の世界に私を導き、結局は私自身の人生を救うことにつながっていました。

その学びの中で得た、心を楽にして生きる秘訣を今、少しずつ本にして必要な人に届ける機会に恵まれました。彼に教えてもらった気遣いのバトンを、この本を通じてあなたに少しでも手渡せたら幸いです。

あなたが今までにもらった気遣いのバトンを、今度は誰に渡しますか？

藤本　梨恵子

著者からのお知らせ

本書をお読みいただきありがとうございました。
心理学や人とのコミュニケーションについて興味を持っていただけたら幸いです。

心理学を活用したコミュニケーションについてのメルマガを発行しております。

下記の OR コードより登録していただきますと、本書には書ききれなかった役立つコミュニケーション法が、10 回にわたりメール配信されます。

さらに学びを深めることで、あなたの人生がもっと輝きますように！

※ このサービスは、予告なく変更・終了する場合があります。 予めご了承ください。

[著者]
藤本梨恵子（ふじもと・りえこ）
ファイン・メンタルカラー研究所代表
米国NLP協会認定NLPマスタープラクティショナー
国家資格 キャリアコンサルタント
産業カウンセラー
パーソナルカラーアナリスト
カラーセラピスト

愛知県生まれ。10年以上デザイナーを経験。当時月130時間を超える残業のストレスで前歯が折れる。この時期に友人の死も重なり、「幸せな生き方とはなにか？」を考え、本格的にキャリアカウンセリングや心理学を学ぶ。

NLP心理学を中心にコーチング、カウンセリング、マインドフル瞑想などの手法を習得し統合。その手法を生かし、キャリアカウンセラー・講師として独立。各企業・大学・公共機関の講演の登壇数は2000回を超え、婚活から就活まで相談者数は1万人を超えている。

コーチング、パーソナルカラー、カラーセラピスト、骨格診断ファッションアナリスト等のプロ養成講座の卒業生は500人を超え、個人診断においては1000人を超える。

【著書】『なぜか好かれる人がやっている100の習慣』（明日香出版社）

ファイン・メンタルカラー研究所　https://fine-color.com/

なぜかうまくいく人の気遣い　100の習慣

2021年 11月 30日　初版発行

著　　者　藤本梨恵子
発 行 者　石野栄一
発 行 所　明日香出版社
〒112-0005　東京都文京区水道2-11-5
電話　03-5395-7650（代表）
https://www.asuka-g.co.jp
印　　刷　株式会社文昇堂
製　　本　根本製本株式会社

　ISBN 978-4-7569-2180-2

ISBN978-4-7569-2105-5

なぜか好かれる人がやっている 100の習慣

藤本 梨恵子 著

B６判　240ページ

本体 1500 円＋税

多くの人から好かれる人がいます。でも彼ら、彼女らは、意識的に好かれようとしているわけではありません。毎日の振る舞いやちょっとした仕草が皆をひきつけるのです。マインドフルネス、ＮＬＰ、コーチング、カウンセリング、カラーセラピーなどを学んだ著者だからこそ書ける「人間関係の教科書」です。

ISBN978-4-7569-2109-3

ストレスの９割はコントロールできる

鎌田 敏 著

Ｂ６判　232 ページ

本体 1500 円＋税

人手不足などによる仕事量の増加、コミュニケーション不全、新型ウイルスによる行動制限などによりストレスが溜まり、心と体を壊してしまう人がいます。一方で同じ状況でもストレスを溜めずに、上手に生活している人もいます。ストレス管理ができる人の習慣を著者の経験談とともに解説します。

ISBN978-4-7569-2078-2

雑談の一流、二流、三流

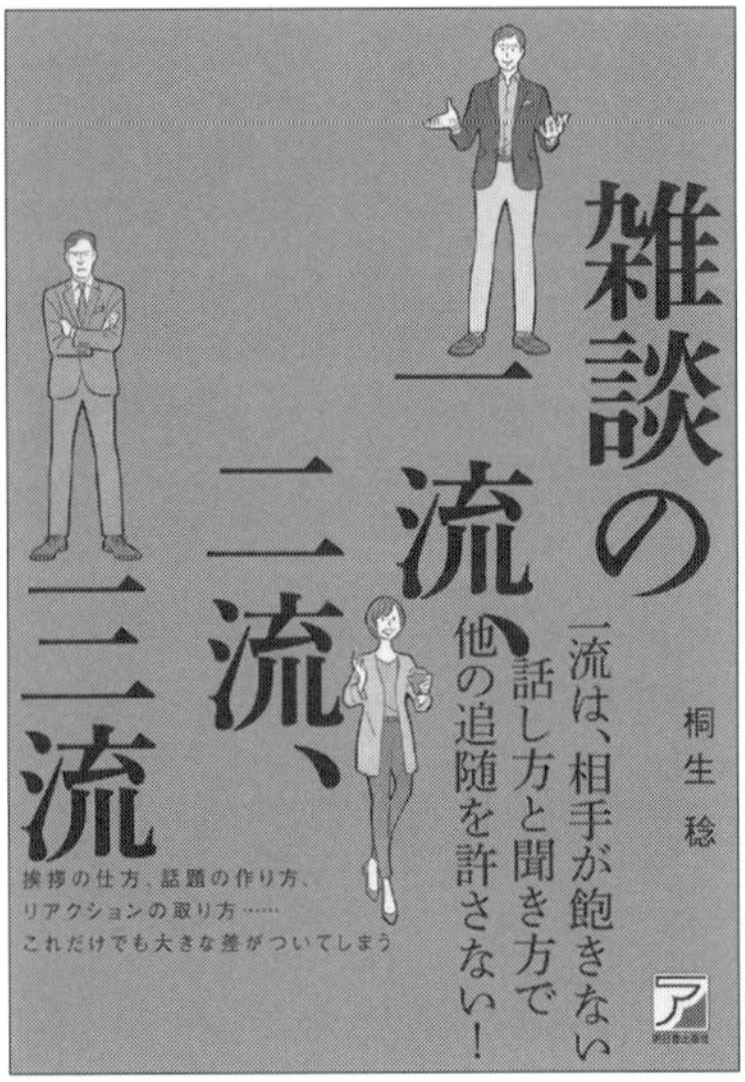

桐生 稔 著

B６判　224ページ
本体 1500円＋税

はじめて会う人と話が続かない、異性と話すのが苦手、上司と話すのも苦手……そんな悩みを抱いているビジネスマン、ビジネスウーマンがたくさんいます。三流がしてしまう雑談、二流がしてしまう雑談、一流の人がやってる雑談の３つを比較しながら、コミュニケーションがよくなる会話法が学習できます。